Maria Röder

Haremsdame, Opfer oder Extremistin?

Medien und politische Kommunikation – Naher Osten und islamische Welt /
Media and Political Communication – Middle East and Islam, Band 13
Herausgegeben von Prof. Dr. Kai Hafez, Universität Erfurt
(in Nachfolge der gleichnamigen Schriftenreihe beim Deutschen Orient-Institut,
Hamburg, 2000 bis 2005, Band 1 bis 10)

Maria Röder

Haremsdame, Opfer oder Extremistin?

Muslimische Frauen im Nachrichtenmagazin *Der Spiegel*

Frank & Timme
Verlag für wissenschaftliche Literatur

ISBN 978-3-86596-143-3
ISSN 1863-4486

Herstellung durch das atelier eilenberger, Leipzig.
Printed in Germany.
Gedruckt auf säurefreiem, alterungsbeständigem Papier.

www.frank-timme.de

Dank

Dass diese Magisterarbeit entstanden ist und nun in Form eines Buches vorliegt, verdanke ich vielen Menschen, von denen an dieser Stelle nur wenige genannt werden können.
Ich danke meinen beiden Gutachtern Herrn Prof. Dr. Georg Ruhrmann und besonders Frau Dipl.-Psych. Denise Sommer, die mir unzählige Hilfestellungen gab und immer ein offenes Ohr für theoretische und methodische Sorgen hatte. Ich möchte mich bei Herrn Prof. Dr. Kai Hafez bedanken, der die Arbeit in seine Reihe „Medien und Politische Kommunikation – Naher Osten und islamische Welt" aufnahm und somit einem breiteren Publikum zugänglich macht. Ebenso danke ich Frau Carola Richter, M.A. für die sehr hilfreiche Überarbeitung des Manuskripts. Weiterhin gebührt ein Dankeschön Herrn Prof. Dr. Tilman Seidensticker, Dr. Sabine Dorpmüller und Dr. Sabine Schiffer für die Hilfe bei der Literaturrecherche, für Korrekturhinweise und für die Inspiration, die sie mir mit auf den Weg gegeben haben.
Meiner ganzen Familie und im Besonderen meinen Eltern möchte ich meinen Dank aussprechen, denn ohne sie wären mein Studium und meine Auslandsaufenthalte, die letztlich das Interesse am Thema entfacht haben, nicht möglich gewesen. Für die mentale Unterstützung und die unzähligen Ermutigungen vor allem während den vielen Auslandsreisen danke ich all meinen Freunden. Stellvertretend für all jene seien an dieser Stelle Frank Keilhack, Robert Beyer und Marina Flämig genannt, die mich mit vielen konstruktiven und kritischen Gesprächen durch die Entstehungszeit dieser Arbeit begleiteten. Schließlich möchte ich Umm Hamdy danken. Sie hat mir mit ihrem Lebensmut, ihrer Stärke und ihrem Durchsetzungsvermögen die Augen für so manche Dinge geöffnet…
Ein abschließender Dank gebührt Frau Dr. Elke Wendler, der Gleichstellungsbeauftragten der Friedrich-Schiller-Universität Jena, für einen Zuschuss zu den Druckkosten.

Inhalt

1 Einleitung

Und nun bringt ein süßer Wind von Osten
Hergeführt die Himmels-Mädchen-Schaar;
Mit den Augen fängst du an zu kosten,
Schon der Anblick sättigt ganz und gar.

Sie mögen's ihm freundlich lohnen,
Auf liebliche Weise fügsam,
Sie lassen ihn mit sich wohnen:
Alle Guten sind genügsam.

Johann Wolfgang von Goethe 1819
West-östlicher Divan

Zu Beginn des 19. Jahrhunderts beschrieb Goethe die Orientalin als ein fügsames Wesen, deren Anblick vollkommen sei. Diese Wahrnehmung hat sich verändert. Es sind auch keine literarischen Werke mehr, die uns Geschichten vom Orient erzählen, sondern Schlagzeilen und Nachrichtenmoderatoren, die vom Nahost-Konflikt, internationalem Terrorismus und Migration berichten. Ob die „fügsame Schöne" dabei noch einen Platz findet, soll in dieser Arbeit diskutiert werden.

Vor dem Hintergrund jüngerer Ereignisse wie der Ermordung Theo van Goghs, dem „Kopftuchstreit" oder der Diskussion um Ehrenmorde gibt es ein gewachsenes gesellschaftliches Bedürfnis an Informationen zu den Lebenswelten von Musliminnen speziell in Deutschland, aber auch in allen anderen Ländern. Die Aufgabe, dieses Bedürfnis zu befriedigen, haben in erster Linie die Massenmedien (vgl. Wetzel 2005: 21). Dabei vermitteln sie nicht nur Wissen über unsere erfahrbare Alltags- und Nahwelt, sondern auch über uns fremde und ferne Menschen. Wir scheinen dadurch zu mehr Menschen Kontakt zu haben, als uns in unserer unmittelbaren Umwelt begegnen (vgl. Harris 1999: 41). Das gilt auch für muslimische Frauen. Die Bevölkerungsmehrheit hat in ihrem Alltag kaum bewusste Begegnungen mit Musliminnen, viele meinen aber zu wissen, dass sie unterdrückt und die Opfer einer patriarchalischen islamischen Gesellschaft seien. Die Verantwortlichkeit für solche Vereinfachungen alleine bei massenmedialen Inhalten zu suchen, ist falsch. Dennoch ist es erwiesen, dass die Massenmedien kein objektives Bild der Wirklichkeit präsentieren. Schulz (1989: 139) beschreibt das mediale Bild der Welt als hochgradig selektiv und von Stereotypen, Ethnozentrismus sowie professionellen und ökonomischen Zwängen geprägt. Im Zusammenhang mit dem massenmedialen Bild über Minderheiten wird die Frage nach der gesellschaftlichen Integrationsleistung von Massenmedien gestellt (vgl. Geißler/Pöttker 2005). Im Allgemeinen wird davon ausgegangen, dass Medienberichterstattung auf vielfältige Weise zu einer Integration in die Gesellschaft beiträgt. Bezüglich der Minoritäten muss aber häufig darauf hingewiesen werden, dass massenmediale Bilder Stereotype und Vorurteile transportieren und somit die Diskriminierung einzelner Gruppen erleichtern (vgl. Ruhrmann/Nieland 2001: 111ff). Es ist deshalb wichtig, die massenmediale Berichterstattung über Minderheiten und andere Kulturen zu untersuchen. Eine solche Analyse bezogen auf Musliminnen hat noch eine weitere Bedeutung, denn um dem viel diskutierten „Kampf der Kulturen" einen ehrlichen Dialog der Kulturen entgegenzusetzen, muss mit den überkommenen Vorstellungen aufgeräumt werden. Wenn unser Blick von Stereotypen und Ethnozentrismus geprägt ist, dann kann kein erfolgreicher Dialog auf gleicher Augenhöhe stattfinden (vgl. Kabbani 1993: 30). Studien zeigen, dass ein „Klima aus Vorbehalten und Misstrauen" (Leibold/Kühnel 2005: 151) zwischen deutscher Mehrheitsgesellschaft und muslimischer Minderheit herrscht. Ein Drittel der Mehrheitsbevölkerung hat auf Grund der Anwesenheit von Muslimen Fremdheitsgefühle. Hier ist eine differenziertere massenmediale Darstellung muslimischer Lebenswirklichkeiten notwendig. Diese Forderung macht jedoch die Kenntnis der Berichterstattungsstrukturen und deren Mechanismen notwendig.

Deshalb ist das *Thema* der vorliegenden Arbeit die Art und Weise der Berichterstattung über muslimische Frauen im Nachrichtenmagazin *Der Spiegel*. Es lässt sich somit in den Bereich der Medieninhaltsforschung einordnen. Das *Ziel* ist, zu zeigen, wie muslimische Frauen im Nachrichtenmagazin *Der Spiegel* dargestellt werden. Dabei handelt es sich um eine deskriptive Analyse von Medieninhalten. *Fragestellungen* sind: Was und wie sind die Inhalte der Berichterstattung über Musliminnen? Was wird in den Berichten wie visualisiert? Dabei geht es ausschließlich um das medial konstruierte Bild der Muslima[1]. Weder die Selbstdarstellung des Islam noch die sozialen Lebenswirklichkeiten muslimischer Frauen[2] spielen nachfolgend eine Rolle, sondern die Beschreibung der Merkmale innerhalb der *Spiegel*-Berichterstattung über muslimische Frauen.

Die Arbeit gliedert sich in zwei Teile. Im ersten Teil werden die theoretischen Grundlagen erörtert, die eine mögliche Erklärung für die Merkmale der Berichterstattung liefern sollen. Jedes Kapitel schließt mit einem Fazit. Im empirischen Teil wird die methodische Vorgehensweise der Inhaltsanalyse beschrieben und die Ergebnisse präsentiert.

Kapitel 2 handelt von den historischen Wurzeln des gegenwärtigen Bildes muslimischer Frauen. Es werden außerdem aktuelle Befunde von Medienanalysen vorgestellt (Forschungsstand). Hier wird aufgezeigt, welche Vorstellungen aus dem historischen Bild noch immer in der Berichterstattung vorhanden sind und auf welche Prinzipien (Orientalismus) sich diese begründen. Weiterhin werden die Merkmale der Auslandsberichterstattung beschrieben, da angenommen wird, dass über muslimische Frauen vor allem innerhalb der Auslandsberichterstattung berichtet wird.

Kapitel 3 nennt aus kognitionspsychologischer Perspektive Gründe, warum massenmediale Inhalte immer wieder auf bestimmte Bilder zurückgreifen. Dazu wird der Begriff des „Stereotyps" eingeführt und diskutiert sowie der Zusammenhang von Stereotypen und Massenmedien erörtert.

Das darauf folgende Kapitel 4 handelt von Visualität in der Presseberichterstattung. In diesem Rahmen wird sowohl die Bedeutung des Pressefotos für die Berichterstattung als auch der Schleier bzw. das Kopftuch als „visueller Aufhänger" erläutert.

In Kapitel 5, das den empirischen Teil einleitet, wird die methodische Vorgehensweise beschrieben. Neben den Fragestellungen, Hypothesen und Beschrei-

---

[1] Der Begriff „Muslima" kommt aus dem Arabischen und ist die feminine Singularform zu Muslim (= der sich Ergebende). Dieser wird nachfolgend synonym zum eingedeutschten Wort „Muslimin" verwendet. Bei den Pluralformen haben sich die arabischen Begriffe nicht durchgesetzt und es ist deshalb von Muslimen bzw. Musliminnen die Rede.

[2] Eine Vielzahl von Regionalstudien beschäftigt sich mit der sozialen Lebenswirklichkeit muslimischer Frauen. Einen umfangreichen Überblick bieten die drei Bände von Moghissi (2005).

bung der Grundgesamtheit wird hier auch die verwendete Methode und ihr Erhebungsinstrument vorgestellt.

In Kapitel 6 werden die Ergebnisse entsprechend der Forschungsfragen präsentiert. Eine abschließende Diskussion sowie einen Ausblick für weiterführende Untersuchungen findet man im Kapitel 7.

Im Anhang können das vollständige Kodierbuch, die Kodieranweisungen, dazugehörige Listen, der Fragebogen sowie weitere Tabellen und die Themenliste eingesehen werden.

I. THEORETHISCHER TEIL

Der folgende theoretische Teil besteht aus 3 Kapiteln. Er liefert den theoretischen Rahmen zur Herleitung der Fragestellungen, der Hypothesen sowie einiger Operationalisierungen.

2 (Massen)mediale Darstellungen unter geo-kultureller Distanz

Wenn von Muslimen die Rede ist, dann wird häufig auch von Überfremdung gesprochen (vgl. Attia 1994: 210). Sie sind uns einerseits geographisch, andererseits auch kulturell fern und fremd. Die nachfolgenden Teilkapitel zeigen, wie diese scheinbar fremde Kultur und die Frauen dieser Kultur in der Vergangenheit wahrgenommen wurden und welche Ursachen diese Perzeption hat. Anschließend werden aktuelle Befunde zur Berichterstattung über Migranten, den Islam und Musliminnen sowie Strukturmerkmale der Auslandsberichterstattung vorgestellt.

2.1 Die Wahrnehmung des Orients in Vergangenheit und Gegenwart

Wie das Eingangszitat von Goethe bereits andeutet, ist das gegenwärtige westliche Bild[3] vom Orient[4] und dem Islam[5] kein Produkt eines aktuellen Diskurses,

[3] Unter dem Begriff „Bild" wird nachfolgend die Gesamtheit aller Vorstellungen und (angenommenen) Wissensbestände gegenüber einer Sache, Person oder eines Personenkreises verstanden.

[4] Der Begriff des „Orients" bezeichnet ein räumlich nicht eindeutig definiertes Gebiet, dem jedoch eine religiöse und politische Homogenität zugeschrieben wurde und wird. Gemäß der etymologischen Bedeutung sind damit die Gebiete in Richtung Sonnenaufgang gemeint. Im 19. Jahrhundert wurden darunter die arabischsprachigen Länder, die Türkei, Persien und gelegentlich auch Indien und China verstanden. Im 20. Jahrhundert wurde der Begriff zunehmend durch eine kulturelle Bedeutung geprägt und mit dem islamischen Kulturraum identifiziert (vgl. Jedlitschka 2004: 21ff). Der Begriff wird entsprechend dieser Bedeutung verwendet. Damit erhält auch der Begriff der „Orientalin" einen eindeutigen Bezug zur „muslimischen Frau".

[5] Von „dem Islam" oder „den Muslimen/Musliminnen" zu reden, ist eine inhaltlich sehr grobe Vereinfachung und im Rahmen dieser Arbeit, die zu einer differenzierteren Wahrnehmung beitragen möchte, unkommentiert nicht tragbar. Die verschiedenen islamischen Strömungen

sondern es wurde bereits durch frühe Begegnungen zwischen Europäern und muslimischen Arabern geprägt. Viele Elemente dieses Bildes haben sich über Jahrhunderte hinweg als stabil erwiesen. Es ist anzunehmen, dass auch innerhalb der Medienberichterstattung über muslimische Frauen an bereits etablierte Vorstellungen angeknüpft wird. Aus diesem Grund wird im folgenden Kapitel ein kurzer Abriss über die Entwicklung des westlichen Orientbildes allgemein und der Darstellungsweise der Orientalin speziell gegeben. Außerdem soll auf die Mechanismen und Gründe der Konstruktion dieses Bildes eingegangen werden. Abschließend wird ein Überblick über Studien und deren Befunde zum Thema „Migrant(inn)en, Islam und Musliminnen in den Medien" gegeben, um zu zeigen, ob und welche Elemente des historischen Orientbildes immer noch wirksam sind.

2.1.1 Europäische Begegnungen mit dem Orient – ein historischer Abriss[6]

In der Zeit vor den Kreuzzügen (1096-1291) waren die Beziehungen zwischen dem christlichen und islamischen Kulturraum durch einen intensiven Austausch in den Bereichen der Mathematik, Astrologie, Medizin und Philosophie geprägt, wobei das Abendland vor allem die Rolle des Adressaten einnahm (vgl. Ohde 1994: 85). Mit den Kreuzzügen und der Expansion des Osmanischen Reiches in Richtung Norden entstanden bereits erste Vorstellungen eines feindseligen und gewalttätigen Islam. Dabei wurde von Seiten der Kirche religiös argumentiert und gezielt anti-islamische Propaganda betrieben, um das Christentum angesichts eines bedrohlichen Feindes „Islam" unter einem gemeinsamen Banner zu vereinen (vgl. Rodinson 2002: 7). Der islamische Kulturraum wurde somit schon im Mittelalter als das Andere – als eine Art „Anti-Europa" (Kabbani 1993: 19) dargestellt. Mit der Kolonisierung der arabischen Länder im 19. Jahr-

---

und Länder werden in ihrer Komplexität nicht erfasst, sondern erscheinen als monolithischer Block. Gleichwohl lässt sich dieses Dilemma aus sprachlichen Gründen und der Übersichtlichkeit halber nicht umgehen. Deshalb sei an dieser Stelle darauf hingewiesen, dass sich alle Begriffe, die auf eine Religion und deren Anhänger sowie einen geographischen Raum referieren, in Anstrichen gedacht werden müssen. Gleiches gilt natürlich auch für *den* Westen und *die* abendländische Christenheit.

[6] Bei dieser Darstellung des Orientbildes handelt es sich um einen kurzen Abriss der wichtigsten Ereignisse, die das westliche Bild vom islamischen Kulturraum besonders geprägt haben. Für eine weiterführende Lektüre sind neben den hier zitierten Werken außerdem Hardiyanto (1992) und Hörner (1993) zu empfehlen.

hundert trat neben das Motiv der zügellosen Gewaltbereitschaft der Muslime das Bild eines sinnlichen Orients. Um die kolonialen Bestrebungen zu rechtfertigen, spielte die Etablierung rassischer Merkmale eine entscheidende Rolle. Die Orientalen wurden dabei als irrationale Despoten mit übermenschlichem Sexualtrieb beschrieben (vgl. dies.: 20f).

In der europäischen Malerei und Literatur des 19. Jahrhundert war der Orient ein Ort der Inspiration. Das Wissen über den Orient entsprang Reiseberichten, den Märchen von 1001 Nacht und nicht selten der männlichen Phantasie. Harems-, Bade- und Sklavenmarktszenen mit kaum bekleideten Frauen waren beliebte Motive von Malern wie Gérome und Ingres. Innerhalb der Literatur, wie beispielsweise bei Goethes „West-östlichem Divan", verfestigte sich der Gedanke des märchenhaften Orients und trug zu einer selektiven Sichtweise auf denselben bei (Czerny et. al. 1994: 24ff).

Die gegenwärtige westliche Wahrnehmung des islamischen Kulturkreises geht vor allem seit den Anschlägen vom 11. September 2001 mit einem Gefühl der Bedrohung einher. Dies hängt einerseits mit der mehrheitlich negativen Islamberichterstattung zusammen, die den politischen Islam mit seinen radikal-extremistischen Strömungen in den Vordergrund rückt und somit alte Bedrohungsgefühle erneut weckt (vgl. Schiffer 2005: 13 und Lueg 1993: 14ff). Andererseits ist der Islam nach dem Christentum mit ca. 3,2 Mio. Anhängern zur zweitgrößten Religionsgemeinschaft in Deutschland geworden (vgl. Hoffman 2004: 38f). Die islamisch-orientalische Kultur innerhalb Deutschlands scheint dabei aber ihre exotische Zuschreibung verloren zu haben. Das Exotische wird auf ferne Kulturen projiziert. Dringen diese jedoch in unsere eigene Lebenswelt ein, dann wird es als Bedrohung empfunden. Das zeigt sich in den unzähligen Diskursen über „Gewalt und Islam" (vgl. Lutz 1989: 55f).

2.1.2 Europäische Begegnungen mit der Orientalin – unterdrückte Fremde mit schleierhafter Erotik

Ausgehend von einer Feminisierung und Erotisierung des Orients, setzte sich im mittelalterlichen Europa das Bild der Orientalin als Objekt der Begierde durch. (vgl. Schick 1990: 358) Muslimische Prinzessinnen wurden im Theater als lockende, lüsterne Verführerinnen sowie selbstsüchtige Verräterinnen dargestellt.

Mit der Rezeption der Märchen aus 1001 Nacht zu Beginn des 18. Jahrhunderts verfestigte sich das Bild der dekadenten in Luxus lebenden Orientalin. Es bildete das Gegenstück zur fleißigen und zurückhaltenden Europäerin des viktorianischen Zeitalters (vgl. Kabbani 1993: 33ff). Als der Orient in der europäischen Kunst und Literatur des 19. Jahrhunderts zu einem beliebten Thema avancierte, blieb diese Darstellungsweise erhalten. Dabei handelte es sich, um einen männlichen Blick auf die orientalische Weiblichkeit, welcher sich in Harems- und Sklavenmarktszenen der Orientmaler (vgl. Lutz 1991: 7f und Hörner 2001: 176 – 205) oder den Schriften von Loti, Flaubert und Burton widerspiegelt (vgl. Schick 1998: 83).

Dieses durch Reiseberichte, Romane, Gedichte und Gemälde verfestigte Bild der Haremsschönheit prägt immer noch die westliche Wahrnehmung der Orientalin, dominiert sie aber nicht mehr. Seit muslimische Migranten und Migrantinnen in das politische und ökonomische Bewusstsein der europäischen Öffentlichkeit gerückt sind, ist an die Seite der verführerischen Haremsdame das Bild der religiösen Fanatikerin und der unterdrückten Kopftuch-Trägerin getreten (vgl. Pinn 1996: 44). Die exotische Fremde aus dem Orient verzaubert die europäischen Gemüter nur in der Ferne. Dort weckt die verschleierte Frau die Neugier nach dem verborgenen Fremden und nach neuen sinnlichen Qualitäten. Während man ihr im eigenen Land mit Misstrauen gegenübertritt (vgl. Akashe-Böhme 1991: 17). Die muslimische Migrantin wird als passives Objekt eines durch Männer aktiv hervorgerufenen Migrationsprozesses wahrgenommen. Sie betritt die Bühne des öffentlichen Diskurses meist nur als schlecht integrierte und unterdrückte „Verschleierte“ (vgl. Lutz 1991: 4). Somit ist auch der frühere Reiz des Schleiers, den es zu entlüften galt, verschwunden. Die Präsenz des Kopftuchs und anderer islamischer Kleidungsgewohnheiten innerhalb der deutschen Gesellschaft sind eher zu einem Symbol der asexuellen Migrantin und deren Unterdrückung geworden (vgl. dies.: 6). Jedlitschka (2004: 71) schreibt dazu: *„Die femme fatale scheint gezähmt zu sein oder […] die Seiten gewechselt zu haben und im Orient keine Bühne mehr zu finden.“*

Gegenwärtig wird die Frau aus dem Orient in erster Linie als Muslimin wahrgenommen. Allein durch ihre kulturelle Herkunft ist sie somit zur Verkörperung der unterdrückten Frau geworden, die eine doppelte Herabwürdigung als Frau und Muslimin erfährt (vgl. Lutz 1989: 54).

2.1.3 Die Konstruktion der Anderen – Orientalismus als Variante des Ethnozentrismus

Das Orientbild und die Wahrnehmung der Orientalin waren und sind geprägt von der Betonung der Andersartigkeit im Vergleich mit dem westlich-christlichen Kulturraum und dem dort vorherrschenden Frauenbild. Sie werden als Gegenstück zum Eigenen gedacht. Während die arabisch-islamische Kultur im Mittelalter als Projektionsfläche anti-christlicher Vorstellungen diente, wurde sie im 19. Jahrhundert zu einem Ort von Phantasien und Träumereien. Der Orientreisende aus dieser Zeit war von einer Zivilisationsflucht angetrieben, dessen Wurzeln in einem sexualitätsfeindlichen Zeitgeist lagen. In der orientalischen Frau versuchte er, den erotischen und exotischen Gegenpart zur keuschen und zurückhaltenden Europäerin zu imaginieren und schuf so das Konstrukt des gefährlichen und verruchten Orients (vgl. Lutz 1992: 68 und Akashe-Böhme 1991:16).

Die Muslimin als unterdrückte Migrantin bildet den Gegenpol zur emanzipierten und aufgeklärten westlichen Frau. Vor allem in feministischer Literatur werden muslimische Frauen zu einer einheitlich unterdrückten und ungebildeten Gruppe. Sie werden als passive Opfer dargestellt, die das Gegenstück zur aktiven Rolle der Frau innerhalb westlicher Gesellschaften bilden. Die Funktion dieser Selbstdarstellung ist die Aufwertung des eigenen Selbstbildes (vgl. Naggar 1994: 208ff und Baumgart 1989: 85f).

Der erste, der das Bild vom Orient als westliches Konstrukt benannte, war der amerikanische Literaturwissenschaftler Edward Said in seinem seither viel diskutierten Werk *Orientalism* (Said 1978). Said wirft dabei den Orientalisten vor, die islamische Kultur als etwas Unbegreifbares konstruiert zu haben, um die eigene Stellung als Experten zu betonen. Das Ziel der Wissenschaft sei es gewesen, ökonomische und politische Machtinteressen europäischer Regierungen in der Region zu rechtfertigen (vgl. ders.: 19). Der Orient sei Fiktion, so Said, die wenig mit der sozialen Wirklichkeit vor Ort zu tun habe, sondern dem Paradigma der kulturellen Dominanz der westlichen Welt diene. Der Islam als ein angeblich alles dominierendes Prinzip sei zum Instrument geworden, um den Orient als grundlegend anders zu definieren und die orientalischen Frauen zu Kreaturen männlicher Machtphantasien zu machen (ders.: 207).

Die Funktion des Orientalismus ist eine Idealisierung des eigenen Selbst durch eine angenommene Minderwertigkeit des Fremden bzw. Anderen. Damit muss Orientalismus als eine Form des Ethnozentrismus eingestuft werden. Dies ist eine:

> *[...] auf Emotionen beruhende Überzeugung, dass die eigene Kultur jeder anderen Kultur überlegen ist, bzw. dass die andere Kultur unterlegen, schlechter, dümmer, gefährlicher usw. ist* (Czerny et. al 1994: 17).

Ethnozentrismus ist somit eine Wahrnehmungs-, Beurteilungs- und Handlungstendenz, deren Funktion in der Grenzziehung liegt. Mit der Ausgrenzung des Anderen schafft sich das Eigene eine Identität. Durch die homogene Wahrnehmung des Anderen wird die Differenz zum Selbst erst wahrnehmbar. Der kulturelle Unterschied wird als faktisch angenommen und besonders hervorgehoben. Die Folge ist, dass der politische, ökonomische und soziale Kontext völlig ausgeblendet wird und innerhalb der Fremdgruppe keine Differenzierungen mehr vorgenommen werden, denn eine als homogen angenommene Fremdgruppe fördert die Wahrnehmung und somit die Stabilisierung der Eigengruppe (vgl. Gümen 1996: 32 und Jedlitschka 2004: 20).

2.2 Die Fremde in den „Medien" – Befunde zum massenmedial vermittelten Bild muslimischer Frauen

Noch bis in das 20. Jahrhundert hinein wurde das Bild der Europäer vom Orient, dem Islam und der Muslimin wesentlich durch Literatur und Malerei vermittelt. An die Stelle des Mittlers von Wissen über andere Kulturen sind die Massenmedien getreten[7]. Auch im Zeitalter von Migration und modernem Massentourismus sind unmittelbare Alltagsbegegnungen zwischen Menschen der christlich-abendländischen und der islamischen Kultur eher selten. Die Massenmedien und

---

[7] Als Massenmedien werden nachfolgend „all jene Medien, über die durch Techniken der Verbreitung und Vervielfältigung mittels Schrift, Bild und/oder Ton optisch bzw. akustisch Aussagen an eine unbestimmte Vielzahl von Menschen vermittelt werden" (Burkart 2002: 171) verstanden. Mit diesem Begriff sind hier im engeren Sinne vor allem Medienprodukte der Presse, des Hörfunks und des Fernsehens gemeint, da für diesen Bereich im Bezug zum hier bearbeiteten Thema vergleichsweise viele Studien vorliegen.

die durch sie transportierten Sekundärerfahrungen nehmen hier als Informationsvermittler über die jeweilige andere Kultur eine zentrale Position ein (vgl. Wilke 1989: 11). Das Bild vom islamischen Kulturraum und den Muslimen wird meist nicht durch eigene Erfahrungen genährt, sondern es ist medial vermittelt. Dabei wird aus einer Vielzahl von Informationen selektiert und ein Bild konstruiert, welches teilweise an die frühen Vorstellungen vom Orient und der Orientalin anknüpft (vgl. Schiffer 2005: 14 und Kuske 1994: 251). Im Folgenden wird an Hand empirischer Studien ein Überblick zu den Berichterstattungsmerkmalen über „Fremde“ [8] gegeben.

In Deutschland, das seit Beginn der Zuwanderung von Gastarbeitern in den 1960ern und deren Familiennachzug als Einwanderungsland bezeichnet werden muss und sollte, hat sich der Themenkomplex „Medien und Minoritäten innerhalb der Einwanderungsgesellschaft“[9] zu einer eigenständigen Forschungstradition entwickelt. Es wurden vor allem Medieninhaltsanalysen zum Bild von Ausländern, Asylanten, Gastarbeitern und später Migranten durchgeführt (vgl. Hafez 2004: 69f). Häufig zitierte und umfangreiche Studien stammen von Delgado (1972), Merten (1987) und Ruhrmann/Kollmer (1987). Auch in jüngster Zeit wurde dieses Thema empirisch bearbeitet (vgl. Ruhrmann/Meißner 2000

---

[8] Unter dem Begriff „Fremde“ ist hier eine allgemeine Kategorie zu verstehen, die verschiedene Statusmöglichkeiten des Fremden beinhaltet: Gastarbeiter, Asylant, Flüchtling, Ausländer oder Migrant. Wurde vor 40 Jahren im gesellschaftlichen Diskurs mehrheitlich von Gastarbeitern und vor 20 Jahren von Ausländern gesprochen, so ist gegenwärtig meist von „Migrant/innen“ die Rede. Als Kategorienbezeichnung schließt der Begriff hier sowohl Personen mit einer nicht-deutschen Herkunft und als auch eingebürgerte deutsche Staatsangehörige ein. Gemein ist allen, dass sie als „fremd“ wahrgenommen werden und sich scheinbar dadurch von der Mehrheitsgesellschaft unterscheiden. Fremdheit ist somit keine objektive Eigenschaft, sondern eine Frage der Wahrnehmung. Es wird dadurch eine Beziehung definiert, denn indem der Fremde als anders und fremd wahrgenommen wird, grenzt sich der Wahrnehmende von ihm ab (vgl. Merten 1995: 25). Die Andersartigkeit scheint ein entscheidendes Kriterium für die Medienberichterstattung über Fremde zu sein, durch welche man allgemeine Strukturmerkmale der Medienberichterstattung über Fremde identifizieren kann.

[9] In Deutschland leben ca. 7,3 Millionen Ausländer. Im Vergleich mit der Gesamtbevölkerungszahl sind das 8,8% (vgl. Statistisches Bundesamt 2004). Wie viele der Ausländer Muslime sind, kann nicht exakt erhoben werden, da die Daten über die Religionszugehörigkeit im Ausländerzentralregister nicht gespeichert werden. Auch die Zahl der deutschen Bürger und Bürgerinnen islamischen Glaubens kann nicht benannt werden, denn bei den Meldebehörden fällt der Islam bei der Frage nach der Religionszugehörigkeit in die Kategorie „verschiedene.“ Nach Schätzungen des Bundesinnenministeriums beläuft sich die Zahl der in Deutschland lebenden und der deutschen Muslime zusammen auf etwa 2,8 bis 3,2 Millionen (vgl. Islam in Deutschland 2000).

und Hentges 2006). Aktuelle Analysen zeigen, dass neue Größen wie „Islam und Muslime in Deutschland“ mehr ins gesellschaftliche Bewusstsein gerückt sind (vgl. Hentges 2006: 89).[10]

Die Forschungsergebnisse zeigen, dass die Fremden selten einen Platz in der Medienberichterstattung finden und ist es doch der Fall, dann werden sie innerhalb eines negativen Kontexts dargestellt. Sie sind dann häufig kriminell, gefährlich, bedauernswert oder kostenintensiv. Die Alltagswirklichkeit der Ausländer und Migranten wird fast vollständig ausgeblendet. Negative Ereignisse stehen im Vordergrund der Berichterstattung, wobei Hintergrundinformationen zu sozialen, politischen oder kulturellen Lebensbedingungen meist fehlen.

Zusammenfassend kann festgestellt werden, dass Analysen der Presseberichterstattung zum Ausländer- und Migrantenbild – im Gegensatz zu Werbe-, Spielfilm- oder Serienanalysen – zahlreich sind. In jüngerer Zeit wurde das Thema zunehmend durch qualitativ-diskurstheoretische Analysen bearbeitet (vgl. Butterwegge/Hentges 2006). Lückenhaft untersucht sind hingegen spezifischere Themenbereiche wie die Darstellung einzelner ethnischer Gruppen oder das Thema „Frauen und Einwanderung in den Medien“. Der mediale Diskurs über Migrantinnen blieb lange Zeit unberücksichtigt und erfährt erst in jüngerer Zeit mehr Beachtung (vgl. Müller 2006:105).

„Minderheiten in Medien“ als Forschungsfeld war lange Zeit in der sozialwissenschaftlichen Rassismusforschung verankert. Die durchgeführten Studien konzentrierten sich nicht auf einzelne Ethnien oder Religionsgemeinschaften. Aus diesem Grund war der Forschungsstand zum Islambild in deutschen Medien lange Zeit defizitär. Seit das Thema „Islam“ eine größere Aufmerksamkeit bekommt, nehmen aber auch kritische Stimmen zum massenmedialen Islambild sowie entsprechende Analysen zu.[11] Einer der ersten, der sich mit dem Verhältnis von Islam und Medien beschäftigte, war Edward Said (1981/1997). Auf Grundlage seiner zuvor entworfenen Theorie des Orientalismus (Kapitel 2.1.3),

---

[10] Eine ausführlichere Synopse zu empirischen Studien über die Migrationsberichterstattung im deutschen Sprachraum und deren Befunde liefert Müller (2006). Einen Überblick über die Merkmale der Ausländerberichterstattung ist bei Ruhrmann/Meißner (2000) nachzulesen. Im Anhang (Tab. A1, S.149) sind außerdem die hier genannten Studien, deren empirische Grundlage sowie ihre wichtigsten Befunde übersichtlich in Tabellenform zusammengefasst.

[11] Im Anhang (Tab. A2, S. 150) befindet sich ein Überblick zu Forschungsarbeiten und deren Ergebnissen zum Thema „Islam in den Medien“

mit der er vor allem Wissenschaftler angeklagte, ein falsches Bild vom Orient zu entwerfen, übertrug er diese Kritik auf die Medienschaffenden. In Deutschland kamen die ersten kritischen Stimmen vor allem aus der Orient- und Religionswissenschaft (vgl. Medienprojekt Tübinger Religionswissenschaft 1994 und Thofern 1998). In die Kommunikations- und Medienwissenschaft fand das Thema durch medienpsychologische Untersuchungen Eingang (vgl. Kempf 1994). Eine erste Langzeitstudie der deutschen Presselandschaft stammt von Hafez (2002). Schiffer (2005) untersuchte die Darstellung des Islam in der Presse aus medienpädagogischer Perspektive und legte Konstruktionsmechanismen des massenmedialen Islambildes offen. Im deutschsprachigen Raum lässt sich, wie auch bei den quantitativ angelegten Arbeiten zur Migrantenberichterstattung, eine Konzentration auf Presseanalysen feststellen, wobei das Islambild im Allgemeinen untersucht wurde.[12]

Die Darstellung muslimischer Frauen spielt bei den erwähnten Studien keine oder nur eine Nebenrolle. So erwähnt Schiffer (2005: 82f) die Symbolfunktion der Muslimin bei der Darstellung des Islams. Besonders der Schleier bzw. das Kopftuch werde synonym für die angenommene Unterdrückung der Frau im Islam eingesetzt. Informationen über die Alltagswirklichkeit von Musliminnen blieben unberücksichtigt. Die wenigen Abhandlungen zu Musliminnen in den Medien sind entweder Sekundäranalysen, die sich auf frühere Medienanalysen zum Thema „Medien und Fremde" stützen oder sie zeichnen sich durch eine selektive Auswahl und Auswertung einzelner Medienbeiträge aus (siehe Tab. 1).

[12] Auch im internationalen Vergleich liegt der Schwerpunkt auf Presseanalysen. Poole (2002) analysierte die britische Presse und versuchte, auf der Wirkungsebene den Einfluss des negativen Medienbildes „Islam" auf das Publikum nachzuweisen. Ein Sammelband (vgl. Poole 2006) gibt Auskunft über Forschungsergebnisse aus mehreren Ländern u.a. Australien und USA. Vereinzelt gibt es im englischen Sprachraum auch Studien zum Islam- und Araberbild in Spielfilmen (vgl. Hasian 2000 und Shaheen 2001).

Tab. 1: Literaturüberblick: Musliminnen in den Medien

Titel/Verfasser	Empirische Grundlage	Befunde
Die Darstellung der muslimischen Frau in den Medien (Schiffer 1994)	Einzelne Ausgaben von Printmedien (*Emma* und *Brigitte*) sowie Fernseh-Beiträge	- Reduktion der Muslima auf den Schleier - Muslima fungiert als Symbol: Schleier = unterdrückte Frau = unterdrückt durch Islam
Muslimische Migranten und Migrantinnen in den Medien (Pinn 1997)	Untersuchung von Zeitungs- und Zeitschriftenartikeln seit den 70er Jahren sowie von Bandmitschnitten von Radiosendungen und Videoaufzeichnungen von Fernsehsendungen	- mit der Iranischen Revolution kam Interesse für muslimische Frauen im eigenen Land auf - in den Massenmedien dominiert die Opferrolle der Muslima und deren mögliche Befreiung durch die westliche Welt - Alltagsleben ist kein Gegenstand der Berichterstattung
Das Bild der islamischen Frau in den Medien (ZIF 2002)	Keine Angabe	- Muslimische Frauen werden undifferenziert dargestellt - Innerhalb der Berichterstattung ist das Tragen oder Nicht-Tragen des Kopftuchs ein markantes Merkmal muslimischer Frauen - Künstliche Homogenisierung des Opferstatus - Mögliche Klassifizierungen: Exotin, Emanzipierte, moderne Orientalin, Opfer, Fanatikerin, Migrantin
Exotin, Unterdrückte und Fundamentalistin – Konstruktion der „fremden Frau" in den Medien (Farrokhzad 2006)	Sekundäranalyse vorhandener Literatur und Diskursanalyse von Artikeln aus *Emma* und *Der Spiegel*	- ein ausschließlich negatives Bild von Migrantinnen wird präsentiert - kommt die Migrantin selbst zu Wort, bestätigt sie entweder vorhandene Vorurteile oder wird als Ausnahme präsentiert - bis zur Arbeitsimmigration wurde orientalische Frau als geheimnisvolle Exotin präsentiert - gegenwärtig existieren verschiedene Klassifikationen: exotische Orientalin, Kopftuchtürkin, moderne Türkin, Fundamentalistin

Obwohl nicht quantitativ belegt, sind die Ergebnisse für die Hypothesenbildung wichtig und werden deshalb nachfolgend zu Kategorien zusammengefasst:

Verschleierung als äußeres Merkmal
Die muslimische Frau wird auf das Tragen oder Nicht-Tragen eines Kopftuchs reduziert. Dabei fungiert der Schleier als Symbol für eine durch den Islam unterdrückte Frau. Somit wird ein äußeres Merkmal zum Indiz angenommener innerer Überzeugungen und privater Lebenswirklichkeiten (vgl. Schiffer 1994: 7f und ZIF 2002: 132f).

Dekontextualisierung und Negativität
Gezeigt werden vor allem die negativen Seiten der Lebenswelt muslimischer Frauen: durch eine undifferenzierte und dekontextualisierte Berichterstattung kommt es zu einer künstlichen Homogenisierung der Muslimin als Opfer (vgl. Pinn 1997: 217f und ZIF 2002: 131).

Passivität
Gemäß ihrer medial eingenommenen passiven Opferrolle kommt die Muslima wenig zu Wort. Geschieht dies, dann bestätigt sie vorhandene Stereotype oder wird als Ausnahme davon präsentiert (vgl. Farrokhzad 2002: 85f).

Rollenstereotype muslimischer Frauen
Innerhalb der Berichterstattung nimmt sie vorwiegend vier Rollen ein: Exotin, Opfer bzw. Kopftuchtürkin, Fanatikerin oder moderne Orientalin (vgl. Farrokhzad 2006: 75 und ZIF 2002: 137).

Unterrepräsentation
Andere Studien zum Islam zeigen außerdem, dass Musliminnen innerhalb der Migrantenberichterichterstattung stark unterrepräsentiert sind. Über sie wird vorwiegend im Zusammenhang mit Liebesbeziehungen, Bildung, Kriminalität, Frauenthemen oder Politik berichtet (vgl. Poole 2002: 90f.)

Wenn über muslimische Frauen berichtet wird, dann spielt neben dem Kontext der Fremdheit auch das Geschlecht eine Rolle. Denn die Muslimin wird nicht nur als Fremde präsentiert, sondern als fremde Frau. Ihre Herkunft und ihr Geschlecht sind prägende Kategorien innerhalb medialer Darstellungen muslimischer Frauen (vgl. Röben 1998: 435).

Befunde aus der Frauenmedienforschung[13] zeigen, dass Frauen im Vergleich mit Männern innerhalb der Presseberichterstattung unterrepräsentiert sind. Eine Untersuchung ergab, dass das Verhältnis im Nachrichtenmagazin *Der Spiegel* eins zu drei ist (vgl. Schmerl 1989: 14). Die Frauenmedienpräsenz stammt zumeist aus der eher populären Rubrik „Kultur und Unterhaltung." Außerhalb dessen werden Frauen häufig als Opfer von Gewalt stigmatisiert, während sie innerhalb der Politik- und Wirtschaftsberichterstattung kaum vorkommen (vgl. dies.: 21). Klaus (2005: 354) weist darauf hin, dass in den letzten Jahren Frauen in der Medienberichterstattung häufiger vorkommen – auch als aktiv handelnde Subjekte. Dies treffe jedoch mehrheitlich auf traditionelle Frauenrollen und -bereiche zu. Hierin könnte ein wichtiger Unterschied zur Berichterstattung über muslimische Frauen liegen. Denn während die „mediale Opferrolle" Frauen allgemein – unabhängig von der Herkunft – anhaftet, scheinen Musliminnen gerade im Bereich „Politik" eine größere Aufmerksamkeit als nicht-muslimische Frauen zu erhalten. Wie die bisherigen Befunde andeuten, liegen die Defizite hier gerade im Nicht-Zeigen einer Reihe von alltäglichen Lebenswirklichkeiten als Erwerbstätige, Studentin, Arbeitssuchende oder Arbeitgeberin.

2.3 Strukturmerkmale der Auslandsberichterstattung

Wie bereits in Kapitel 2.2 deutlich wurde, handelt es sich beim massenmedialen Islambild hauptsächlich um ein vermitteltes Auslandsbild. Auch Musliminnen sind nicht nur ein Thema der Inlands-, sondern auch der Auslandsberichterstattung. Es ist anzunehmen, dass Musliminnen erst mit dem aktuellen Integrationsdiskurs vermehrt in der Inlandsberichterstattung vorkommen. Davor wurden sie wahrscheinlich im Bereich der Auslandsberichterstattung thematisiert. Das Auslandsressort nimmt auch im redaktionellen Teil des *Spiegels* einen festen Platz

[13] Die deutsche kommunikationswissenschaftliche Geschlechterforschung weist für den Bereich der vergleichenden Untersuchungen von Printmediengattungen einen mangelhaften Forschungsstand auf. Im Gegensatz dazu sind Analysen von Frauenzeitschriften vergleichsweise zahlreich vertreten. Die Arbeit von Schmerl (1989) ist zwar schon älter, aber die einzige, die das gesamte Themenangebot im redaktionellen Teil mehrerer Presseprodukte (Frankfurter Rundschau, Die Welt, Stern, Der Spiegel und Neue Westfälische) inhaltsanalytisch untersucht (vgl. Klaus 2005: 243).

ein (siehe Kapitel 5.2). Aus diesen Gründen ist eine nähere Betrachtung des Themas „Auslandsberichterstattung" unerlässlich. Der Begriff bezeichnet, *„[...] jedes System der journalistischen Informationsübermittlung [...], in dessen Verlauf Informationen und Nachrichten staatliche Grenzen überschreiten."* (Hafez 2002a: 24).

Die Definition geht von der Überschreitung staatlicher Grenzen aus, wobei damit hauptsächlich die Berichterstattung über andere Kulturen und Nationen gemeint ist. Kulturen und Nationen sind vielschichtige gesellschaftliche Gefüge, die sich in dieser Komplexität nicht darstellen lassen. Deshalb muss auch innerhalb der Auslandsberichterstattung selektiert und strukturiert werden. So entstehen mediale Nationen- und Auslandsbilder (ders.: 41f).

Als Forschungsbereich hat das Thema „Auslandsberichterstattung" innerhalb der Medien- und Kommunikationswissenschaft eine lange Tradition. Schon in den 20er Jahren des 20. Jahrhunderts begann sich die Wissenschaft dafür zu interessieren. Durch die beiden Weltkriege standen die Forschungsarbeiten lange unter der Überschrift der Kriegsberichterstattung. Auch später blieb das Thema aktuell. Dazu trug die Überzeugung bei, dass eine angemessene journalistische Darstellung anderer Kulturen und Ländern entscheidend zum Kulturdialog und zur internationalen Verständigung beitragen könne. In den 60er und 70er Jahren entstanden im Zuge der Diskussion um eine neue Weltinformationsordnung zahlreiche empirische Studien. Eine der wichtigsten war die von der UNESCO in Auftrag gegebene „Foreign-Images"-Studie (vgl. Schmidt/Wilke 1998: 167f). Mit dieser 1979 angefertigten Studie (vgl. Sreberny-Mohammadi 1984) wurde die Auslandsberichterstattung von 29 Ländern untersucht. Es konnte nachgewiesen werden, dass die Selektion von internationalen Informationen in verschiedenen Mediensystemen auf Grundlage universeller Kriterien erfolgt. Auffällig waren die Dominanz der Krisenberichterstattung sowie der Hang, der jeweils eigenen Region – d.h. der direkten geographischen Umgebung des eigenen Landes – eine besondere Beachtung zu schenken. (vgl. dies.: 126). Diese eher verallgemeinerten Ergebnisse konnten auch für den deutschen Teil der Studie nachgewiesen werden. Bedeutsam für die vorliegende Arbeit ist der Befund, dass bei geographisch ferneren und kulturell fremderen Regionen eine Krisen- und Konfliktberichterstattung dominiert. Davon sind vor allem Lateinamerika, Asien und der Nahe Osten betroffen (vgl. Schulz 1983: 284ff). Diese Ergebnisse wurden im Wesentlichen durch eine Neuauflage der Studie 1995 bestätigt (vgl. Schmidt/Wilke 1998: 167-181). Neben den Studien, die die Auslandsberichterstattung mehrerer Länder vergleichend untersuchen, gibt es auch Einzelanalysen zu Nationenbildern wie beispielsweise das Japanbild deutscher Massenmedien (vgl. Nafroth 2002) oder das Bild Griechenlands in der Presseberichterstattung (vgl. Busch 2005).

Es gibt zwar eine Vielzahl empirischer Analysen, aber bisher – im Gegensatz zu den Theorien des internationalen Nachrichtenflusses – keine verallgemeinernde Theorie zur Auslandsberichterstattung (vgl. Hafez 2002a: 58). Da aber gerade dort, wo eigene Erfahrungen auf Grund von geographischer oder kultureller Ferne fehlen, die Massenmedien zur einzigen Informationsquelle werden, wird Auslandsbildforschung häufig zu Stereotypenforschung. Da die Auslandsrealität in ihrer Komplexität nicht wahrnehmbar ist, müssen Ereignisse selektiert und strukturiert werden. Stereotype[14] sind dabei eine Einordnungshilfe, durch welche Vorstellungen über Realität entstehen (vgl. Wilke 1986: 58).

Anhand zahlreicher Studien lassen sich immer wieder auftretende Merkmale internationaler Informationsvermittlung identifizieren, die als Strukturmerkmale bezeichnet werden können (vgl. Hafez 2002a: 58). Diese sind:

Regionalismus

Es lässt sich eine Konzentration auf das regionale Ausland feststellen, so dass nicht von einer bewussten Unterrepräsentation kleinerer oder weniger entwickelter Staaten gesprochen werden kann (vgl. Sreberny-Mohammadi 1984: 121ff; Schenk 1987: 36f und Meier 1984: 137).

Konfliktperspektive

Die Konfliktperspektive zeichnet sich durch eine Überrepräsentation negativer Berichte aus. Als negativ gelten Berichte, die im Zusammenhang mit Ereignissen wie Streiks, Demonstrationen, Proteste, Kriege, kriegsähnliche Geschehen, Terrorismus, Verbrechen, Katastrophen und Unfälle stehen (vgl. Schulz 1983: 288).

---

[14] Zur Definition von „Stereotyp“ siehe Kapitel 5.7

Politik- und Elitenzentrierung
Es besteht die Tendenz, sich auf politische Akteure und offizielle Eliten bzw. Gegeneliten (Rebellen) zu konzentrieren. Das hat zur Folge, dass gesellschaftlich verankerte soziale Gruppen und Bewegungen sowie die Bevölkerung allgemein innerhalb der Auslandsberichterstattung vernachlässigt werden (vgl. Hafez 2002a:58).

Dekontextualisierung
Gemeint ist eine Nicht-Beachtung politischer, ökonomischer, sozialer oder kultureller Kontexte beim Erstellen von Berichten. Dadurch werden Kausalzusammenhänge unklar. Das ist das Resultat von Raum-, Zeit- und Relevanzvorgaben der Medienorganisationen, aber auch des angenommenen Kontextwissens der Rezipienten (vgl. ebd.).

Im Hinblick auf die Auslandsberichterstattung aus islamischen Ländern gibt es einige wichtige Überlegungen. Charakteristisch für die Mehrzahl der Mediensysteme in arabischen Ländern ist deren staatliche Kontrolle (vgl. Hafez 2001: 4). Dieser Umstand macht eine Beschaffung unabhängiger und unverfälschter Informationen oftmals schwierig und eine umfassende Berichterstattung meist unmöglich. Häufig bleibt ausländischen Medienvertretern, die detaillierte Reportagen liefern wollen, sogar die Einreise verwehrt (vgl. Cichowicz 2002: 36f). Außerdem kann es sich teilweise für männliche Reporter schwierig gestalten, die Lebenswirklichkeiten muslimischer Frauen direkt und unvermittelt zu erfahren, da in einigen Ländern der unmittelbare Umgang zwischen Frauen und mit ihnen nicht verwandten Männern ein Tabu bzw. nicht gern gesehen ist. Eine Vernachlässigung des Kontexts wirkt sich bei Berichten über Musliminnen jedoch fatal aus, denn gerade den hierbei „beliebten" Themen wie Frauenunterdrückung und islamischer Extremismus liegen komplexe soziale, politische, wirtschaftliche und kulturelle Ursache-Wirkungsprinzipien zu Grunde. Lässt man diese außer Acht, dann bleibt als verkürzte Erklärung häufig nur eine Referenz auf den Islam übrig.

2.4 Zwischenfazit

Berichte über und Darstellungen von muslimischen Frauen begannen nicht erst mit dem Zeitalter der Massenmedien. Schon vorher existierten zahlreiche Vorstellungen über die Orientalinnen. Die Befunde zum Thema „Medien und Fremde" lassen jedoch eine Kluft zwischen der Wahrnehmung muslimischer Frauen in der Vergangenheit und der Gegenwart erkennen.

Die Negation differenzierter Lebenswelten und die damit einhergehende künstliche Homogenisierung von Musliminnen als Opfer sind Folgen einer seit langem etablierten ethnozentristischen Perspektive. Diese Tendenzen zusammen mit verschiedenen mediensystemischen Vorraussetzungen führen offenbar zu einer Vernachlässigung informativer und detaillierter Hintergrundberichte. Weiterhin implizieren die Befunde, dass an die Stelle der erotischen Orientalin die fanatische oder unterdrückte Frau getreten ist. Das Kopftuch fungiert als Abgrenzungszeichen und identifiziert die Muslimin als Fremde. Gleichzeitig dient dieses äußere Merkmal zur Beschreibung innerer Einstellungen und privater Lebenswelten. Es liefert vermeintlich genug Informationen, so dass die eigentliche Person nicht mehr zu Wort kommen muss.

So werden sowohl beim massenmedialen Bild als auch beim historischen Bild eigene Wünsche auf die Andere – die Unbekannte projiziert und es wird ein Bild fremder Kulturen entworfen.

Hierbei handelt es sich lediglich um Annahmen, denn obwohl es zahlreiche quantitative Presseanalysen zur Islam- und Migrationsberichterstattung gibt, wurde das Thema „muslimische Frauen" bisher vernachlässigt. Entsprechende Befunde sind eher Thesen, die einer weiteren empirischen Prüfung bedürfen.

Konflikthaltigkeit und Dekontextualisierung gehören ebenfalls zu den Strukturmerkmalen der Auslandsberichterstattung. Da es sich bei der Berichterstattung über muslimische Frauen um Darstellungsprozesse unter geo-kultureller Distanz handelt, und die Auslandsberichterstattung eine Informationsvermittlung über staatliche und kulturelle Grenzen hinaus ist, können diese Strukturmerkmale auch für die Berichterstattung über Musliminnen im Ausland angenommen werden. Die dafür charakteristische Politik- und Elitenzentrierung bedingt, dass die Darstellung von Alltagswirklichkeiten muslimischer Frauen in ihren Heimatländern sehr selten ist. Als Politikerinnen haben sie eher eine Chance in die Auslandsberichterstattung deutscher Presseerzeugnisse zu gelangen. Dabei ist es möglich, dass sie als Ausnahme von der gesellschaftlichen Wirklichkeit präsentiert werden.

Zusammenfassend kann festgehalten werden, dass sowohl die Auslands- als auch die Inlandsberichterstattung für das Bild muslimischer Frauen in der deutschen Presse prägend sind. Wie bereits in den einführenden Kapiteln erwähnt, ist die Berichterstattung über fremde Kulturen – sei es die islamische oder eine andere – von ethnozentristischen Sichtweisen, die zur Aufwertung der eigenen Kultur beitragen, durchzogen. Diese führen zu einer stereotypen Darstellung der kulturell fremden Muslima. Was Stereotype sind und wie sie mit der Berichterstattung über muslimische Frauen zusammenhängen, ist der Inhalt des nächsten Kapitels.

3 Stereotype – Das Bild der Muslima in den Massenmedien und in unseren Köpfen

„It is a commonplace that the mass media are populated with stereotypes."

(Seiter 1986: 14)

Dass die Massenmedien von Stereotypen durchdrungen sind, wird hier als „Binsenweisheit" begriffen. Six (1989: 168) bezeichnet es als „Selbstverständlichkeit" und einige Autoren ordnen Stereotypenforschung der Medienforschung unter (vgl. Kleinsteuber 1991: 63). Ebenso wurde bereits in Kapitel 2.2 darauf hingewiesen, dass Stereotype eine Strukturierungshilfe sind, die gerade bei Themen unter der Bedingung von geo-kultureller Distanz angewendet werden. Heißt dies, dass mediale Darstellungen eine besondere Affinität zur Stereotypenbildung haben? Werden Stereotypen ausschließlich massenmedial vermittelt und welche Inhalte haben sie? Diese Fragen werden häufig in der Kommunikations- und Medienwissenschaft diskutiert. Dabei wird das Konzept „Stereotyp" mit Verweis auf Definitionsschwierigkeiten oft nur marginal behandelt. Am Ende lassen sich dann aber immer Stereotype in den Medien finden (vgl. Nafroth 2002 und Busch 2005). Auch in dieser Arbeit wird der Frage nachgegangen, ob innerhalb der medialen Darstellung von Musliminnen Stereotype transportiert werden. Zu diesem Zweck wird zuerst versucht, den Begriff zu definieren. Im Anschluss werden der Zusammenhang zwischen Stereotypen und Medien ausführlich diskutiert und Hinweise für die Messung von Stereotypen gegeben.

3.1 Stereotyp – Geschichte und Definitionen eines Begriffs

1922 benutzte der Journalist Walter Lippmann den Begriff „Stereotyp", um *„the pictures inside people's head"* (Lippmann 1922/1998: 31) zu bezeichnen. Er entlehnte das Wort der Drucktechnik, die durch feste Druckplatten den Massendruck ohne neue Sätze ermöglichte. Mit dem Begriff wurde hier ein Mechanismus beschrieben, der eine flexible und wandelbare Struktur in eine starre Form gebracht hat (vgl. Kleinsteuber 1991: 61f). Ins Deutsche ging die Bezeichnung über das französische Adjektiv *stéréotype* ein, welches mit „feststehend" oder „starr" übersetzt wird. Das Lexem wurde um 1800 aus den griechischen Wörtern *stereos* (starr, hart, fest) und *typos* (Form, Gestalt) gebildet (vgl. Grimm 1941: 245).

Lippmann unterschied eine Außenwelt und die Bilder in den Köpfen. Die Außenwelt hielt er für zu komplex, um alle Reize aufnehmen zu können. Er argumentierte, dass deshalb vereinfachende Bilder benötigt werden, mit deren Hilfe die Welt wahrgenommen wird (vgl. Lippmann 1922/1998: 29ff). Damit griff er den Aspekt der Vereinfachung innerhalb unserer Wahrnehmungsmöglichkeiten auf und legte den Grundstein für den modernen Stereotypen-Begriff.

> *For the real environment is altogether too big, too complex and too fleeting for direct acquaintance. We are not equipped to deal with so much subtlety, so much variety [...] although we have to act in this environment, we have to reconstruct it on a simpler model before we can manage it* (Lippmann 1922/1998: 16).

Lippmann sah den Begriff wertneutral. Dies änderte sich, als stereotypes Wahrnehmen mit Faulheit und Unwissenheit verbunden wurde. *Stereotyp* wurde zu einem negativ besetzten Konzept[15], das als moralisch verwerflich galt (vgl. Nelson 2006: 4). Doch schon Allport (1971) negierte Mitte der 1950er Jahre die einseitige negative Bewertung und argumentierte, dass Stereotype auch mit positiven Einstellungen zusammenhängen können. Er definierte sie als *„[...] eine überstarke Überzeugung, die mit einer Kategorie verbunden ist* [Hervorhebung im Original]. " (Allport 1971: 200). Damit hebt seine Definition den Prozess des Kategorisierens hervor.

In den 1970ern wurde die soziale Dimension individuellen Verhaltens und des Gruppenverhaltens untersucht und Theorien zur sozialen Kognition[16] entwickelt. In Analogie zur Arbeitsweise des Computers wurden Informationsverarbeitungsprozesse von Individuen neu beschreib- und erklärbar (vgl. Todd 2006: 5). So wird seither davon ausgegangen, dass soziales Verhalten sowohl von situati-

---

[15] So zum Beispiel bei Adorno et. al. (1967), der zum Ethnozentrismus arbeitete und dabei stereotypes Denken vorrangig bei intoleranten Menschen verortete.

[16] Für eine tiefer gehende Betrachtung der sozialen Kognition sei an dieser Stelle auf die verschiedenen Lehrwerke der Sozialpsychologie verwiesen wie Moskowitz (2005), Hamilton (2005) sowie Kunda (1999).

onsbedingten Reizen als auch von unserem Vorwissen determiniert ist. Weiterhin wurde darauf hingewiesen, dass unsere kognitiven Fähigkeiten durch Verarbeitungskapazitäten begrenzt sind, die wir nicht immer bewusst steuern können. Beide bedingen sich gegenseitig. Je weniger Kapazität zur Verfügung steht, desto stärker wird auf bereits vorhandenes Wissen zurückgegriffen (vgl. Fiedler/Bless 2003: 126ff). Auch für die Stereotypenforschung, die in den Themenbereichen der sozialen Urteilsbildung und der Einstellungsforschung ihren festen Platz innerhalb der Sozialpsychologie gefunden hatte, waren diese Überlegungen ein Erkenntnisgewinn. Seither wird Stereotypisierung als ein allen Individuen innewohnender und natürlicher Prozess des Kategorisierens angesehen, der dank denk-ökonomischer Prozesse die Wahrnehmung einer komplexen Welt ermöglicht. Die negativ wertende und moralisch verwerfliche Komponente wurden durch den Aspekt der Notwendigkeit ersetzt (vgl. Todd 2006: 5).

In der Kommunikations- und Medienwissenschaft wird „Stereotyp“ häufig in Abgrenzung zu anderen Begriffen wie „Image“ und „Vorurteil“ definiert. In Anlehnung an den Einstellungsbegriff[17] wird entweder die Bedeutung der kognitiven oder affektiven Komponente hervorgehoben. Da Stereotype bei der Informationsaufnahme und –verarbeitung eine wichtige Rolle spielen, wird der kognitive Aspekt betont, während bei Vorurteilen eher die emotionale und damit bewertende Ebene gemeint ist (vgl. Nafroth 2002: 16ff und Bassewitz 1990: 18).

Dieses Komponentenmodell hat sich bei der Definition von „Stereotyp“ aber nicht mehrheitlich durchgesetzt. In diesem Kontext werden Stereotype als die kognitiven Teile einer Einstellung gegenüber einer Gruppe begriffen. Ob ein Stereotyp eine Einstellung ist, und somit eine bewertende Ebene besitzt, oder nur der kognitive Teil davon, gehört zu den viel diskutierten Kontroversen innerhalb der Stereotypenforschung, die bisher nicht eindeutig geklärt werden konnten (vgl. Todd 2006: 6f). Innerhalb der Sozialpsychologie setzte sich diese Art von Definitionen nicht durch. Häufig zitierte und diskutierte Definitionen, verstehen Stereotype als:

[17] Erfahrungen, die Einstellungen erzeugen, sowie deren Ausdrucksformen werden meist in kognitive (Wissen und Meinungen), affektive (Emotionen) und konnative Komponenten (Handlungen und Verhaltensabsicht) unterteilt (vgl. Bohner 2003: 267).

[…] a generalization made about an ethnic group, concerning a trait attribution, which is considered to be unjustified by an observer
(Brigham 1971; übernommen aus: Moneta 2000: 33)

[…] a cognitive structure that contains the perceiver's knowledge, beliefs, and expectations about a human group
(Hamilton/Trolier 1986; übernommen aus: Todd 2006: 5)

[…] a set of beliefs about the personal attributes of a group of people
(Ashmore/Del Boca 1981, übernommen aus: Todd: 6)

Brighams Definition wird in der Literatur kontrovers diskutiert, weil er den Aspekt der Ungerechtfertigkeit in die Begriffserklärung hineinbringt. Todd (2006: 5) weist darauf hin, dass ein Stereotyp immer eine Generalisierung ist, unabhängig davon, ob diese von jemandem als gerechtfertigt oder ungerechtfertigt betrachtet wird. Die Frage nach der Rechtfertigung einer Generalisierung ist außerdem im Kern die gleiche wie nach dem Wahrheitsgehalt von Stereotypen. Diese Fragestellung ist bis heute in der Literatur umstritten und gehört neben der Frage, ob ein Stereotyp eine Einstellung sei, zu den großen Kontroversen innerhalb der Stereotypenforschung. An der Begriffsexplikation von Hamilton & Trolier wird kritisiert, dass sie mit dem Einbezug von Wissen, Vorstellungen und Erwartungen zu weit gefasst sei und deshalb eher der Definition eines Schemas gleiche (vgl. ebd.). Auf die Definition von Asmore & Del Boca wird häufig in sozialpsychologischen Abhandlungen referiert, denn es ist eine allgemeine Begriffsbeschreibung, die einer weiteren Spezifizierung bedarf, aber dadurch auf viele Forschungsfragen und -konzepte anwendbar ist. Stereotype werden hier als Verallgemeinerungen gegenüber einer Gruppe von Individuen verstanden (vgl. ders.: 6).

Ein gewisser Definitionsreichtum lässt sich nicht leugnen. Aspekte, die häufig in Begriffsexplikation auftreten, sind: Generalisierungen von Merkmalseigenschaften und eine verzerrte Wahrnehmung bzw. Vorstellungen von Gruppen. Wie in den meisten Bereichen der Sozialwissenschaft hängt die Angemessenheit der Definition von der Forschungsfrage und dem Forschungsziel ab. Es muss sich deshalb tief gehender mit den Strukturen und Prozessen von Stereotypisierung als auch mit den Merkmalen stereotyper Inhalte beschäftigt werden. Eine hinreichende Definition entsprechend des Forschungsziels wird deshalb an dieser Stelle noch nicht gegeben, sondern kann erst nach einer weiteren Beschäftigung mit dem Konzept Stereotyp erfolgen.

3.2 Stereotyp – Strukturen und Prozesse

Um Stereotype besser verstehen und somit auch erforschen zu können, müssen ihre kognitiven Strukturen, aus denen sie hervorgehen, diskutiert werden. Die zentrale Frage ist, wie Menschen Informationen speichern, verwalten und organisieren. Bereits in 1960ern wurde erkannt, dass die Entstehung von Stereotypen nicht ohne den Einbezug kognitiver Aspekte verstanden werden kann (vgl. Nelson 2006: 18f).

Das Prinzip des Kategorisierens[18] hat Lippmann zwar noch nicht bewusst benannt, aber dennoch mit der Notwendigkeit zur Vereinfachung argumentiert (vgl. Lippmann 1922/1998: 16). Die Annahme, dass der Mensch seine Umweltwahrnehmungen vereinfachen müsse und nicht alle Informationen aus seiner Umgebung aufnehmen könne, wurde zu einer zentralen Erkenntnis innerhalb der Sozialpsychologie. Unsere Umwelt ist zu komplex und unserem Gedächtnis stehen nur begrenzte Verarbeitungskapazitäten zur Verfügung, so dass wir Informationen selektieren und akzentuieren müssen, um Objekte zu definieren (Operario/Fiske 2001: 31). Mit Lippmanns Worten wird ein vereinfachtes Modell der Außenwelt erzeugt – die Bilder in unseren Köpfen.

Auf Grund gemeinsamer Merkmale und Kennzeichen von Wahrnehmungsobjekten werden Kategorien gebildet. Offensichtliche Kennzeichen sind beispielsweise Alter und Geschlecht. Sie sind visuell unmittelbar wahrnehmbare Merkmale einer Person. Die kategoriengeleitete Informationsverarbeitung ist ein ökonomischer und ressourcensparender Prozess. Aus diesem Grund wird er vor allem dann aktiviert, wenn wir wenig kognitive Kapazitäten zur Verfügung haben und deshalb keine Details oder Zusatzinformationen aufnehmen können. Wir

---

[18] Eine Kategorie wird definiert als eine „Gruppierung von zwei oder mehr unterscheidbaren Objekten, die ähnlich behandelt werden. Klasse von in der Welt vorhandenen Objekten.“ (Fiedler/Bless 2003: 134)

müssen uns dann auf unser Vorwissen und unsere bereits unbewusst gebildeten Kategorien stützen. Das Ergebnis ist eine starke Reduktion von Informationen und somit eine Vereinfachung unserer sozialen Umwelt. Dieser Prozess der Verarbeitung wird top-down-Verarbeitung genannt (vgl. Fiedler/Bless 2003: 129). Stimmen neue Informationen mit bereits abgespeichertem Wissen überein, dann werden Erwartungen bestätigt, das Vorwissen gefestigt und die Kategorie gestärkt. Stimmen sie nicht damit überein, kann die Umweltwahrnehmung als nicht repräsentativ eingestuft werden und bleibt unbeachtet (vgl. Operario/Fiske 2001: 32f).

Es stellt sich die Frage, wie Individuen kategorisieren bzw. wie die Kategorien im Gedächtnis repräsentiert werden. Dazu gibt es zwei Modelle – der Prototyp und die beispielbasierte Repräsentation. Der Prototyp ist ein typisches Exemplar innerhalb einer Kategorie – sozusagen ihr Mittelwert. Es handelt sich um eine abstrakte Art der Repräsentation, unter der sich viele – auch von der zentralen Tendenz abweichende Merkmale subsumieren lassen. Demgegenüber steht das konkrete Beispiel. In diesem Fall beruht das Kategoriewissen über ein Objekt auf spezifischen Beispielen. Unsere Kategorien werden also entweder abstrakt durch Prototypen oder durch konkrete Exempel repräsentiert. Welche Art der Repräsentation aktiviert wird, hängt davon ab, ob bereits direkte Erfahrungen mit der jeweiligen Personenkategorie gemacht wurden. Bei wenigen direkten Kontakten mit Personengruppen, speist sich das Kategorienwissen aus Sekundärerfahrungen, die durch verschiedene Sozialisationsinstanzen vermittelt werden. Die mentale Repräsentation ist dann abstrakt und wird durch Prototypen vergegenwärtigt. Beruht das Wissen auf direkten Interaktionen mit den jeweiligen Gruppenmitgliedern, dann wird die Kategorie durch spezifische Beispielpersonen vertreten und vergegenwärtigt (vgl. ders.: 28).

Natürlich kann für die mentale Repräsentation sowohl vermitteltes als auch mittelbares Wissen existieren. Hier spielt die Aktivierung der Repräsentationsform eine wesentliche Rolle. Ob zuerst auf die Prototyp-Repräsentation oder das spezielle Beispiel verwiesen wird und in welcher Häufigkeit dies geschieht, kann einen Einfluss auf die weitere Wahrnehmung und Verarbeitung von Informationen haben. Je nach dem können verschiedene Knotenpunkte in unserem kognitiven Netzwerk angesprochen werden, die weitere Informationen leiten. Nach diesem Netzwerkmodell ist jeder dieser Knoten nur mit einem Repräsentationskonzept verbunden – entweder dem Prototyp oder dem speziellen Beispiel. Diese Verbindungen können schwach oder stark ausgebildet bzw. wenig oder stark aktiviert sein. Von dieser Aktivität der Verbindungen sind die Eindrücke und Urteile über die soziale Umwelt abhängig (vgl. ders.: 29f). Die Aktivierung von Verbindungen ist von unterschiedlichen Faktoren wie persönlicher Relevanz und Erfahrungen oder dem Kontext abhängig.

Für die Wahrnehmung muslimischer Frauen bedeutet dies, dass sie auf Grund des gemeinsamen Merkmals „Zugehörigkeit zum Islam" eine abstrakte Kategorie bilden. Möglicherweise ist dieses Merkmal durch Äußerlichkeiten wie das Tragen eines Kopftuchs sichtbar. Die dazugehörige Unterkategorie wäre dann „Kopftuchtragende Musliminnen". Innerhalb dieser Kategorie wird Wissen abgespeichert. Passt die Wahrnehmung einer verschleierten Muslima nicht zum abgespeicherten Kategoriewissen, kann das Wahrnehmungsereignis als nicht repräsentativ eingestuft werden und wird nicht weiter beachtet. Die Kategorie wird entweder repräsentiert durch einen Prototyp – eine ganz „typische" Muslima, die hauptsächlich durch Sekundärerfahrungen wie beispielsweise Medienberichterstattung bekannt ist. Oder der Wahrnehmende kennt selbst Musliminnen und hat somit direkte bzw. unvermittelte Erfahrungen gemacht. Dann wird seine Kategorie durch spezielle Beispiele repräsentiert. Die beiden Arten der Repräsentation schließen sich nicht notwendigerweise aus, sondern es können innerhalb einer Kategorie beide Formen vorhanden sein. Welche genutzt wird, hängt von der Aktivierung ab. Wird in einer Zeitung von emanzipierten und selbstbewussten Musliminnen berichtet, der Artikel durch Fotos einer Masse von vollkommen verschleierten Frauen bebildert, dann könnte es dazu kommen, dass die prototypische Kategorisierung aktiviert wird, in welcher sich vorwiegend negative Merkmale über kopftuchtragende Musliminnen befinden. Im weiteren Wahrnehmungsverlauf kann dann festgestellt werden, dass die berichteten Informationen über emanzipierte Frauen nicht mit dem Kategorienwissen über „Kopftuchfrauen" übereinstimmen und der Artikel wird als unrepräsentativ eingestuft. Wird der Artikel nicht illustriert, dann würde wahrscheinlich die beispielbasierte Repräsentation aktiviert und der Artikel als repräsentativ eingestuft.

3.3 Merkmale stereotyper Inhalte

Innerhalb der Sozialpsychologie stehen die Strukturen und Prozesse von Stereotypen und Stereotypisierung im Vordergrund. Sie werden vorrangig mittels experimenteller Untersuchungsanlagen erforscht. In der Medien- und Kommunikationswissenschaft sind Arbeiten zu Stereotypen eher deskriptiv angelegt. Hier spielen die Inhalte eine entscheidende Rolle. Dabei steht häufig die Frage im Vordergrund, welche spezifischen Stereotype über eine Nation oder ethnische Minderheiten in den Massenmedien transportiert werden, warum das so ist und wie diese verändert werden können (vgl. Dabrowska 1999 und Nafroth 2002).

Aber auch innerhalb der Sozialpsychologie hat man sich mit der Frage nach den stereotypen Inhalten von ethnischen Gruppen beschäftigt. Die ersten Studien dazu wurden von Katz und Braly 1933, 1951 und 1969 durchgeführt und sind als „Princeton Trilogie" bekannt. Dabei wurde 100 Studenten eine Liste mit 84 Adjektiven vorgelegt und die Aufgabe gestellt, diejenigen Adjektive auszusuchen, die typisch für eine ethnische Gruppe sind. Somit wurde der Inhalt eines Stereotyps einer bestimmten Gruppe als eine Reihe von Attributen, die der Gruppe am häufigsten zugeschrieben wurden, definiert. Ein wichtiges Ergebnis war, dass viele ethnische Stereotype negativ sind und von einem großen Personenkreis geteilt werden. An diesen Studien wurde kritisiert, dass man mit einer Adjektivcheckliste nur kulturell geteilte Stereotype erfassen und keine individuellen Ausprägungen messen könnte (vgl. Hinton 2000: 9f). Dennoch wurde es durch die Inhaltsbeschreibungen möglich, charakteristische Merkmale von Personengruppen zu benennen und herauszufinden, was Menschen über andere Gruppen denken. Schon Katz und Braly kamen in ihren Studien zu der Ansicht, dass stereotype Inhalte generalisierend sind und dadurch spezifische Merkmalseigenschaften bestimmten Gruppen zugeschrieben werden (vgl. Operario/Fiske 2001: 23f).

Lange Zeit wurden Inhaltsuntersuchungen von Sozialpsychologen als populärwissenschaftlich bezeichnet (vgl. ebd.). Inzwischen gibt es aber auch experimentelle Untersuchungen zum Inhalt von Stereotypen (vgl. Fiske et. al 2002). Dadurch konnte nachgewiesen werden, dass auch die Inhalte generalisierbaren psychologischen Prinzipien folgen (vgl. Operario/Fiske 2001: 24), die im Folgenden vorgestellt werden.

1) Ambivalentes System von Vorstellungen

Schon Allport (1971) hat in seinem Grundlagenwerk angedeutet, dass sich Stereotype mehrheitlich durch negative Inhalte auszeichnen und somit eine Antipathie gegenüber einer bestimmten Gruppe ausdrücken. Sozialpsychologische Forschungen haben jedoch gezeigt, dass Antipathie sehr selten durch Stereotype evoziert wird. Stereotype Inhalte enthalten vielmehr ambivalente Vorstellungen, die größtenteils durch negative, aber auch durch einige positive Merkmalseigenschaften gekennzeichnet sind. Diese Mischung führt zu einer gewissen Herabwürdigung der wahrgenommenen Person oder Personengruppe, aber nicht zu einer manifesten Abneigung oder Abscheu. Natürlich gibt es auch Stereotypen, deren Inhalt ausschließlich negative Merkmale enthält – beispielsweise die Vorstellungen über Terroristen oder Kriminelle – aber in den meisten Fällen sind sie ambivalent (vgl. Operario/Fiske 2001: 24).

2) Negatives und extremes Verhalten

Stereotype Inhalte enthalten zwar gleichwohl positive und negative Elemente, aber Letztere überwiegen. Häufig werden sie mit negativen und gleichzeitig extremen Informationen angereichert. Die Frage nach den Ursachen für derart negative Inhalte leitet zum zweiten Prinzip stereotyper Inhalte – den illusorischen Korrelationen in Bezug auf Negativität und extremes Verhalten über.

Wenn Individuen stereotypisieren, dann erwarten sie, dass zwischen der Mitgliedschaft in einer Gruppe und dem Verhalten der Gruppenmitglieder ein Zusammenhang besteht. Diese Annahme wird getestet und bestätigt sich. Dieser scheinbare Zusammenhang wird als illusorische Korrelation[19] bezeichnet (vgl. Oaks et. al. 1994: 45f). Sie dient der Hervorhebung von erwarteten Ereignissen und stärkt stereotypes Denken. Sie ist nicht nur ein Resultat von Stereotypen, sondern gleichzeitig auch ein Verstärker derselben. Der Prozess läuft nicht bewusst ab, sondern lässt sich auf eine erwartungsgesteuerte Informationsverarbeitung zurückführen. Für den Inhalt von Stereotypen hat dies fatale Folgen, denn die Häufigkeiten mit denen bestimmte Gruppen positives oder negatives Verhal-

---

[19] Eine illusorische Korrelation wird definiert als: „Eine Überschätzung der Stärke eines Zusammenhangs zwischen zwei gewöhnlich voneinander unterschiedenen Variablen" (Fiedler/Bless 2003: 151).

ten ausüben, wird falsch eingeschätzt. Das Problem dabei ist, dass das Vorkommen von negativen und extremen Verhalten sowie von Minderheiten besser erinnert werden kann und mehr Aufmerksamkeit erzeugt, da beides innerhalb einer Gesellschaft nicht so häufig vorkommt wie ihr Gegenteil. Ist die Erinnerung an ein Ereignis gut, dann wird die Häufigkeit, mit der es auftritt, überschätzt. Für Stereotype über Minderheiten bedeutet das, dass sie häufiger gleichzeitig extremes Verhalten und negative Eigenschaften beinhalten (vgl. Hamilton/Gifford 2000: 161-171 und Operario/Fiske 2001: 25).

3) Abgrenzung gegenüber der Fremdgruppe

Das letzte Prinzip der Inhalte von Stereotypen bezieht sich auf die Begünstigung der Eigengruppe bzw. der Benachteiligung der Fremdgruppe. Dieses Prinzip geht auf Tajfels (1978) Theorie der sozialen Identität zurück, die besagt, dass soziale Identität aus Gruppenmitgliedschaft abgeleitet wird. Man definiert sich selbst über seine Gruppenzugehörigkeit. Individuen neigen deshalb dazu, die Eigengruppe positiver zu präsentieren als die Fremdgruppe, denn sie haben lieber ein gutes anstatt ein schlechtes Bild von sich selbst. Außerdem kann der Wert der eigenen Gruppe erst durch einen Vergleich mit anderen Gruppen eingeschätzt werden. Fällt der Vergleich positiv aus bzw. wird die Eigengruppe als überlegen wahrgenommen, dann gilt gleiches auch für die einzelnen Individuen der Eigengruppe (vgl. Brown 2003: 559f und Tajfel 2000: 54ff).

Fremdgruppen werden als homogen angesehen und ihren Mitglieder wird jegliche Individualität abgesprochen (vgl. Oaks et. al. 1994: 161ff). Diese wird nur der Eigengruppe zugestanden. Je homogener die „Anderen" konstruiert werden, umso größer ist die Wahrscheinlichkeit, einer ausschließlich stereotypen Wahrnehmung dieser Gruppe (vgl. Todd 2006: 28f). Die Selbstgruppen-Favorisierung läuft meist unbewusst ab. Die primäre Art, Menschen zu kategorisieren, ist, sie der Eigen- oder Fremdgruppe zu zuordnen. Die Auf- und Abwertung der Gruppen manifestiert sich automatisch in ihrer Beschreibung bzw. in den Stereotypen, die auf die Gruppe referieren.

3.4 Individuelle versus kulturelle Stereotype

Bei der Diskussion einer Definition von „Stereotyp“ ist es notwendig, auf eine wichtige Differenzierung genauer einzugehen, denn Stereotype können aus zwei unterschiedlichen Blickwinkeln betrachtet werden. Sie können einerseits in den kognitiven Strukturen von Individuen verortet werden. Hierbei wird der soziale Aspekt weitgehend ausgeblendet und die Bedeutung der Stereotype für den Einzelnen steht im Vordergrund. Es handelt sich um eine mikroanalytische Ebene, bei welcher Strukturen und Prozesse sowie deren Konsequenzen für das Verhalten von Personen im Mittelpunkt stehen (vgl. Todd 2006: 6). Aus kommunikationswissenschaftlicher Sicht ist diese Perspektive für wirkungszentrierte Analysen ausschlaggebend. Der Fokus auf individuelle Stereotype hat eine lange Tradition. Grundlegend ist dabei die Annahme, dass Menschen mit der Zeit Vorstellungen von den Charakteristiken der sie umgebenden sozialen Gruppen entwickeln, welche dann die Interaktion zwischen der Person und jenen Gruppen beeinflussen. Innerhalb der individuellen Perspektive wird von der bottom-up-Informationsverarbeitung ausgegangen. Diese steht im Gegensatz zur kategoriegeleiteten Verarbeitung (siehe Kapitel 3.2). Es wird davon ausgegangen, dass Wissen über soziale Gruppen und Stereotype durch direkte Interaktion gelernt, gespeichert und verändert werden. Diese Art der Informationsverarbeitung wird folglich stärker durch neu eintreffende Informationen als durch bereits fest etablierte kognitive Gedächtnisstrukturen gelenkt. Innerhalb dieses individuellen Ansatzes werden Stereotype als kognitive Strukturen verstanden, die für die Interaktion mit der sozialen Umwelt benötigt werden. Die Quelle, aus der sich Stereotype speisen, liegt in den Individuen und deren Interaktionen (vgl. Stangot/Schaller 1996: 5ff).

Dem gegenüber steht eine Perspektive, die den kulturellen Aspekt in den Mittelpunkt rückt. Lippmann (1922/1998) hat bereits betont, dass nicht nur das Individuum, sondern auch die Kultur[20], in welche Individuen hineingeboren werden, ihre Stereotype prägt:

---

[20] McQuail (1994:62) verweist auf den Zusammenhang zwischen Medien und Kultur folgendermaßen: “*The mass media institution is part of the structure of society, and its technological infrastructure is part of the economic and power base, while ideas, images and information disseminated by the media are evidently an important aspect of our culture.*” Die Dis-

> *We picked out what our culture has already defined for us and we tend to perceive that which we have picked out in the form stereotyped for us by our culture* (Lippmann 1922/1998: 81).

Aus dieser Perspektive heraus betrachtet, ist in Stereotypen statt individuell gelerntem eher kollektives Wissen über eine Gruppe gespeichert. Die eigene Gesellschaft und Kultur wird zum Wissensspeicher über die soziale Umwelt. Anders gesagt heißt das, dass Stereotype veröffentlichtes Wissen über soziale Gruppen sind, das in Mythen, Bräuchen, Religionen und Wissenschaften verankert ist und weitergegeben wird. Diese Bereiche werden traditionell vorrangig von Soziologen und Anthropologen untersucht und stehen somit nicht im Zentrum der sozialpsychologischen Forschung, die sich eher auf das Individuum konzentriert. Aus diesem Grund sind es andere Fachdisziplinen, die sich mit kulturellen Stereotypen beschäftigen und vor allem deren Inhalte analysieren. Dennoch weisen auch die Sozialpsychologen darauf hin, dass eine Unterscheidung zwischen beiden Arten notwendig ist. Denn obwohl der kulturelle Stereotyp ein Teil des individuellen Wissens über Objekte prägt, können beide dennoch sehr verschieden sein. Bisher wird auch immer wieder diskutiert, welcher von beiden das soziale Verhalten mehr beeinflusst (vgl. Stangor/Schaller 1996: 10).

Ein wesentlicher Kritikpunkt am individuellen Ansatz ist, dass die kognitiven Strukturen des Individuums im Mittelpunkt stehen und auf Grund derer die Entstehung, Weitergabe und Erhaltung von Stereotypen erklärt werden. Der soziale Aspekt, der auch bei der direkten Interaktion von Gruppen eine große Rolle spielt, wurde lange Zeit wenig beachtet (vgl. Hinton 2000: 25f). Ein zentrales Konzept innerhalb dieses Ansatzes ist das der „sozialen Repräsentation". Hierbei wird postuliert, dass Stereotype nicht bloß kognitive Strukturen, sondern soziale Repräsentationen sind, die von einer Vielzahl der Mitglieder einer Kultur geteilt werden und welche durch bestimmte soziale oder politische Milieus transportiert werden (vgl. Augoustinos/Walker 1995: 222). Die Quelle für Stereotype ist in diesem Ansatz auch nicht das Individuum, sondern seine Kultur bzw. deren Sozialisationsinstanzen. Als Quelle werden häufig die Massenme-

---

kussion des Begriffs „Kultur" kann an dieser Stelle nicht nachvollzogen werden. Es sei auf die einführende Literatur von Hansen (1995) und Nünning (2005) verwiesen.

dien und die Sprache, aber auch Eltern und Peergruppe genannt (vgl. Stangor/Schaller 1996: 11f). Es wird versucht, beide Ansätze miteinander zu verbinden, denn der individuelle Ansatz kann Entstehungsprozesse besser erklären. Er verweist auf die begrenzten kognitiven Fähigkeiten und somit auf die Notwendigkeit der Vereinfachung. Dagegen versucht der kulturelle Ansatz die Manifestation der so entstandenen Stereotype innerhalb der Gesellschaft offen zu legen. Der Schwerpunkt liegt hierbei auf dem Transport und der Reproduktion von stereotypen Inhalten (vgl. ders.: 14ff).

Damit muss der Fokus dieser Arbeit, die sich mit der Vermittlung und Reproduktion von Stereotypen in Medien beschäftigt, auf dem kulturellen Ansatz liegen. Dennoch dürfen Strukturen und Prozesse nicht aus den Augen verloren werden, denn obwohl eine Unterscheidung zwischen kulturellen und individuellen Stereotypen aus methodischen Gründen getroffen werden muss, liefern beide Herangehensweisen wichtige Erkenntnisse für theoretische Ableitungen. In den nächsten Kapiteln wird die Rolle der Medien und der Sprache ausführlicher behandelt.

3.5 Massenmedien als Quelle kultureller Stereotype

Im Zeitalter der Mediengesellschaft haben die modernen Massenmedien literarische Formen, Gemälde und mündliche Überlieferungen als Transporteur von Wissen über andere Kulturen und Völker abgelöst. In oralen Kulturen war und ist die Kommunikation personengebunden und somit individuell. Mit dem Aufkommen der Schriftkultur und später der Einführung des Buchdrucks (1468) wurde diese zeitliche und räumliche Einschränkung von Kommunikation weitgehend aufgehoben und eine gewisse Standardisierung war die Folge. Massenmedien sind zum Speicher von kulturellen Wissensbeständen geworden und transportieren somit auch kulturell geteilte Stereotype (vgl. Flick 1995: 240ff).

Durch Massenmedien erfahren Individuen von Personen, die nicht Teil der persönlichen Nahwelt sind, weil sie aus anderen Nationen oder Kulturkreisen kommen. Auch im Zeitalter des modernen Massentourismus lassen die geographische und kulturelle Distanz häufig keine direkten Interaktionen zwischen Menschen verschiedener Kulturen zu. Oft besteht nicht die Möglichkeit, indivi-

duelle Stereotype über Menschen aus anderen Kulturen zu entwickeln. Die Vorstellungen über Gruppen aus der Fernwelt werden durch verschiedene Instanzen wie Familie, Peergruppe oder Massenmedien vermittelt. Eine große Rolle spielen die Eltern als Vermittler von Wissen, Werten und Bewertungen. Niemand wird mit Stereotypen geboren, sondern sie werden in den ersten Lebensjahren erlernt. Die Eltern sind dabei die primäre und einflussreichste Informationsquelle. Aber auch das Wissen der Eltern ist durch Filme, Magazine, TV-Serien und Zeitungen vermittelt (vgl. Todd 2006: 33f). Stereotype, die sich auf Personengruppen aus der nicht unmittelbar erlebbaren Fernwelt beziehen, haben das größte Potenzial, sich als kulturelles Wissen einer Gesellschaft zu verfestigen. Es ist nicht möglich, sich ein eigenes Bild von Personen zu machen und ein typisches Exemplar im Gedächtnis abzuspeichern, da keine Interaktion zu Stande kommt. Medial vermittelte Inhalte transportieren Informationen über Fremdgruppen, die zu einer prototypbasierten – d.h. kategoriengeleiteten Stereotypisierung führen können (vgl. Fiske 2001: 28).
Massenmedien vermitteln nicht nur Sekundärerfahrungen, sondern tragen durch eine beständig gleiche Art der Berichterstattung dazu bei, dass bestimmte Repräsentationsstrukturen kultureller Stereotype immer wieder aktiviert und gestärkt werden (vgl. Lepore/Brown 1997: 275-285).
Ob Massenmedien bzw. deren Inhalte Stereotype selbst erzeugen können, ist umstritten – dass sie stereotype Inhalte reproduzieren, transportieren und erhalten, nicht (vgl. Six 1989: 168). Einerseits sind Zeit und Platzmangel bei der Produktion von Inhalten ein Grund für verkürzte, generalisierende und wenig differenzierte Darstellungen. Andererseits spielt auch die individuelle Komponente eine Rolle. Kein Mensch ist frei von Stereotypen. Schon wenn Journalisten die soziale Umwelt beobachten, strukturieren und kategorisieren sie diese entsprechend ihres Vorwissens und kognitiven Netzwerksystems. So ist es ihnen möglich, als relevant empfundene Ereignisse und deren Merkmale zu selektieren und ihnen einen Platz auf der medialen Bühne zu sichern. Produktionsbedingungen und persönliche Einstellungen, Neigungen und Kognitionen bedingen sich gegenseitig. Ebenso besteht meist ein ökonomischer Druck, den Medieninhalt zu

verkaufen. Es müssen also Rezipienten- oder Abonnenten- und Werberinteressen berücksichtigt werden (vgl. Weischenberg 1994: 431f).[21]
Am Ende entsteht ein durch unzählige Faktoren beeinflusster Medieninhalt, der Stereotype enthalten und bewahren kann. Inwieweit die Rezipienten diese dann übernehmen, ist umstritten und gehört in den Bereich der Wirkungsforschung, der in dieser Arbeit weitgehend ausgeklammert wird.[22] Hier wird lediglich der Inhaltsaspekt behandelt. Stereotype Medieninhalte werden von einer Vielzahl von Menschen rezipiert. Die Gesellschaft wird als Mediengesellschaft bezeichnet, in welcher die meiste Zeit neben Schlafen und Arbeiten der Nutzung von Massenmedien gewidmet wird (vgl. Noelle-Neumann et. al. 2004: 9). Damit haben Massenmedien zumindest das Potenzial, kulturelle Stereotype zu transportieren und zu stabilisieren und sie zur Grundlage der individuellen Meinungsbildung zu machen. Als Ausdrucks- und Gestaltungsmittel dient dazu vor allem die Sprache (vgl. Reumann 2004: 127).

3.6 Sprache als Quelle kultureller Stereotype

Das meistgenutzte Instrument, Stereotype zu formulieren, zu kommunizieren und zu bewerten ist die Sprache. Viele Wissenschaftler gehen davon aus, dass Stereotype sowohl verbal als auch nonverbal konstruiert werden können. Einige sehen jedoch eine intrinsische Verbindung zwischen Stereotypen und Sprache, so dass sie nicht-linguistische Kategorien als Träger von Stereotypen völlig ablehnen. Nach dieser Ansicht werden stereotype Vorstellungen durch Sprache innerhalb interpersoneller und massenmedialer Kommunikationsprozesse transportiert (vgl. Maass/Arcuri 1996: 193).

---

[21] Innerhalb der Kommunikationswissenschaft gibt es verschiedene Forschungsrichtungen, die sich mit der Selektion von Nachrichten befassen. Die vier wichtigsten sind die Gatekeeper-Forschung, die Nachrichtenwert-Theorie, die News-Bias-Forschung und das Framing-Konzept. Alle beschäftigen sich mit entweder mit den Eigenschaften von Journalisten oder mit den Eigenschaften der Nachrichten selbst. Einen kurzen, aber übersichtlichen Abriss über alle vier Richtungen liefert Kunczik/Zipfel (2001).

[22] Eine Studie, die sich mit den Merkmalen der Islamberichterstattung in der Presse befasst, und gleichzeitig versucht, deren Wirkungen bei den Rezipienten aufzuzeigen, führte Poole (2002) durch. Einen Überblick zu Theorien und Problemen der Medienwirkungsforschung findet man bei Jäckel (1999) und Kunczik/Zipfel (2002).

Die Sprache ist lange Zeit innerhalb der Stereotypenforschung vernachlässigt worden, denn die Sozialpsychologie hat der Linguistik wenig Aufmerksamkeit beim Prozess des Stereotypisierens geschenkt. Dabei sind beides Repräsentationssysteme, die aus demselben Prozess des sozialen Lernens und der sozialen Interaktion hervorgehen. Abstraktion und Kategorienbildung sind die zwei wichtigsten Prozesse, durch welche Stereotypen angeeignet werden. Stereotype werden zuerst durch Sprache dekodiert, bevor sie im Gedächtnis gespeichert werden können. Somit spielt Sprache eine zentrale Rolle beim Erlernen kulturell geteilter Stereotype. In diesem Verständnis ist Sprache ein Medium für den Transport kognitiver Repräsentationen. Seit einiger Zeit wird in der Sozialpsychologie, Psycholinguistik und Kommunikationswissenschaft der Frage nachgegangen, ob Sprache den stereotypen Inhalten noch etwas hinzufügt. Es wird untersucht, inwieweit sprachliche Beschreibungen eines Objekts Bewertungen und Interpretationen nahe legen (vgl. Fiedler/Schmid 2001: 262f). Bisher wurden die Sprachvarietät und die sprachlichen Merkmale vernachlässigt (vgl. Gottburgsen 2000: 80f).

Lange Zeit wurde der Transport von kulturell geteiltem Wissen als wesentliche Funktion von Sprache angesehen (vgl. Maass/Arcuri 1996: 194f). Aus linguistischer Perspektive handelt es sich bei einem Stereotypen, um *„semantisch und pragmatisch beschreibbare Elemente der Inhaltsseite [...]."* (Dabowska 1999: 85). Daneben erfüllt Sprache noch eine andere wichtige Aufgabe. Sie hat eine Organisationsfunktion, indem sie Schlüsselwörter bereitstellt, durch welche Informationen kognitiv organisiert werden. Sprachliche Ausdrücke fungieren als Label für soziale Kategorien, die wiederum Bewertungen implizieren. Ein Kategorienlabel wie „Muslima" und angenommene kategorieverwandte Konzepte wie beispielsweise „islamisches Recht" liefern benötigte Referenzpunkte, mittels derer stereotype Informationen innerhalb einer Kategorie organisiert werden (vgl. Maass/Arcuri 1996: 196ff). Hier liegt die Annahme zu Grunde, dass Stereotype als semantische Netzwerke aufgebaut sind. Das bedeutet, dass mit dem Gebrauch einer Kategoriebezeichnung alle weiteren assoziierten Merkmale der Äußerlichkeiten, Charaktereigenschaften und Verhaltensweisen unvermeidlich aktiviert werden. Durch die Nennung eines Begriffs wird der Informationsverarbeitungsprozess gelenkt. Dabei spielt die Akzentuierung[23] von Begriffen eine wesentliche Rolle, denn verschiedene Merkmalsbeschreibungen können natürlich auch verschiedene Kategorien aktivieren. Jene sprachlichen Ausdrücke erhalten besondere Aufmerksamkeit, die sich von anderen abheben. Begriffe heben sich ab, indem sie innerhalb eines unmittelbaren Kontexts als neu, besonders fremd und andersartig präsentiert werden (vgl. Gottburgsen 2000: 68). Ein Beispiel hierfür können Lehn- oder Fremdwörter sein.

Die dritte und weniger offensichtliche Funktion von Sprache ist, dass sie mittels semantischer Kategorien verschiedene Bedeutungen impliziert und stereotype Inhalte aufrechterhält. Eine generelle Regel besagt, dass negative Attribute einfacher und schneller zu verifizieren sind als positive. Zu zeigen, dass jemand ehrlich ist, erfordert mehr Beweise als zu zeigen, dass er unehrlich ist. Hier reicht ein Beispiel bereits aus (vgl. Fiedler/Schmid 2001: 265). Fiedler und Semin (1992) haben gezeigt, dass personenbeschreibende Wörter die Konstruktion von Stereotypen stark beeinflussen. Sie haben eine systematische Ordnung von Adjektiven und Verben entwickelt, die verschiedene Abstraktionsstufen mit unterschiedlichen Implikationen unterteilt. Abstraktere Aussagen werden als weniger beweisbar und nachprüfbar wahrgenommen als konkrete Wortgruppen. Sie sind zeitlich stabiler und scheinen über die Einzelaussage hinaus weitere Informationen zu geben. (vgl. Maass et. al. 1989: 990f).[24]

Zusammenfassend kann man sagen, dass Sprache ein Ausdrucks- und Gestaltungsmittel ist (Reumann 2004: 127), durch welches sich Inhalte von Stereotypen manifestieren und Kategorien aktiviert werden. Außerdem erhält und stabilisiert Sprache kulturelle Stereotype. Mit Hilfe von Sprache werden Unterscheidungen in *wir* und *sie* getroffen. Mit abstrakten Wörtern wie „Asylantenflut" lassen sich Distanzierungen schaffen. Durch Substantivierungen kommt es zu sozial-kommunikativen Zuschreibungen spezifischer Eigenschaften, die in Wörtern wie „Kameltreiber" oder „Terrorist" enthalten sind. In dieser Typisierung manifestiert sich ein sprachlicher Abgrenzungsprozess (vgl. Güttler 1996: 84).

---

[23] Die Akzentuierung wird als Salienz bezeichnet. Dabei handelt es sich um: „Die Unterschiedlichkeit eines Stimulus in Relation zum Kontext" (Fiedler/Bless 2003: 137).

[24] Verschiedene linguistische Kategorien werden auch beim Beschreiben des Eigengruppen- und Fremdgruppenverhaltens verwendet. Dabei kommt es zur so genannten linguistischen Intergruppenverzerrung (LIB) (vgl. Maass/Salvi 1989 und Fiedler/Schmid 2001).

3.7 Stereotyp – eine Arbeitsdefinition

Stereotype sind komplexe Gebilde, von denen man unterschiedliche Aspekte in den Mittelpunkt rücken kann. Je nach Forschungsinteresse und –frage wird die Definition verschieden ausfallen. Man sollte jedoch nicht den Fehler begehen, einen Aspekt oder eine Ebene innerhalb des Komplexes „Stereotyp" vollkommen isoliert zu betrachten, denn sie sind miteinander verwoben und nicht klar trennbar. So stellen Operario & Fiske (2001) fest, dass es sich bei Stereotypen um beides handelt:

> *basic human tendencies, inherent within our mental architecture […] and potentially damaging belief systems, depending on the power of the situation* (Operario/Fiske 2001: 38).

Hierbei wird deutlich, dass neben der kognitiven auch der sozialen Ebene eine wesentliche Bedeutung zukommt. Auf Grund der ausgeprägten Komplexität der verschiedenen Ebenen und Wirkungsbereiche haben sich verschiedene Schwerpunkte innerhalb der Wissenschaftsdisziplinen etabliert. So beschäftigt sich die Sozialpsychologie hauptsächlich mit den kognitiven Strukturen von Stereotypen und dem Mechanismus des Stereotypisierens. Während die Medien- und Kommunikationswissenschaft einen Beitrag zum Inhalt von Stereotypen liefern kann. Mit Berücksichtigung der Forschungsfrage wird eine Definitionskombination vorgeschlagen, die sich an den Begriffsexplikationen von Ashmore & Del Boca (siehe S. 33) sowie von Operario & Fiske (siehe S. 47) orientiert. Unter Stereotypen werden nachfolgend: *grundlegende menschliche Tendenzen innerhalb der mentalen Struktur und kulturell geteilte Vorstellungssysteme über Eigenschaften einer Personenkategorie* verstanden.

Der erste Teil der Definition verweist auf die automatisch ablaufenden kognitiven Prozesse und die mentalen Repräsentation von Stereotypen. Der zweite Teil referiert auf den Inhaltsaspekt und somit auf die massenmediale Repräsentation kultureller Stereotype. Tabelle 2 (vgl. S. 48) gibt einen Überblick über Prozesse und Inhaltsmerkmale von Stereotypen als den beiden wesentlichen Aspekten der Definition. Tabelle 3 (vgl. S. 48) stellt zusammenfassend kulturelle und individuelle Stereotype gegenüber.

Tab. 2: Stereotype: Prozesse und Inhaltsmerkmale

Prozesse von Stereotypen und Stereotypisierung (Tendenzen innerhalb der mentalen Struktur)	**Merkmale von stereotypen Inhalten** (Vorstellungssystem über Eigenschaften einer Personenkategorie)
Kategorisierungsprozesse: Beispielbasierte Repräsentation (durch Primärerfahrungen, bottom-up-Informationsverarbeitung, konkrete Repräsentation) Prototypbasierende Repräsentation (Sekundärerfahrung, top-down-Informationsverarbeitung, abstrakte Repräsentation)	Generalisierende Prinzipien: 1) Ambivalentes System von Vorstellungen 2) Negatives und extremes Verhalten (illusorische Korrelation) 3) Abgrenzung gegenüber Fremdgruppen ↓ Sprache als Ausdrucks- und Darstellungsmittel zum Beschreiben ambivalenter Merkmale und negativer und extremer Verhaltensweisen sowie als Mittel zur Differenzierung in Eigen- und Fremdgruppe
Forschungsgegenstand der Sozialpsychologie	Forschungsgegenstand u.a. der Medien- und Kommunikationswissenschaft

Tab. 3: Gegenüberstellung kultureller und individueller Stereotype

	Individuelle Stereotype	**Kulturell geteilte Stereotype**
Quelle	Individuum	Sozialisationsinstanzen
Informations-verarbeitung	Auf einem konkreten Beispiel basierende Informationsverarbeitung (konkrete Repräsentation) ↓ Aktivierung durch Organisations- und Kategorisierungsfunktion von Sprache	Auf einem Prototyp basierende Informationsverarbeitung (abstrakte Repräsentation) ↓ Aktivierung durch Organisations- und Kategorisierungsfunktion von Sprache
Inhalte	Ambivalentes System von Vorstellungen, Negatives und extremes Verhalten, Abgrenzung gegenüber Fremdgruppen	
Messung	indirekt: Reaktionszeitmessung bei lexikalischen Entscheidungsaufgaben, Wortvervollständigungen direkt: freie Antworten, Adjektivcheckliste	Inhalts- oder Diskursanalyse von massenmedialen Texten und Bildern sowie Schulbüchern, Parlamentsdebatten u.ä.

3.8 Zwischenfazit

Massenmedien produzieren Stereotype nicht allein, aber sie reproduzieren und transportieren sie. Damit werden sie zu einer Quelle für die „Bilder“ über muslimische Frauen in den Köpfen der Menschen. Massenmediale Inhalte vermitteln Sekundärerfahrungen und kommunizieren kulturelle Stereotype, die es erlauben Individuen in eine Eigen- und Fremdgruppe zu unterteilen. Da nicht immer die Möglichkeit besteht, mit anderen Gruppen direkt zu interagieren, entsteht eine massenmedial vermittelte Repräsentation dieser Gruppe. Aus Kapitel 2 und 3 lassen sich Beispiele dafür ableiten. Dementsprechend existieren folgende prototypische Handlungsrollen zur Kategorie „muslimische Frau“: Opfer/Kopftuchtürkin, Fanatikerin und moderne Orientalin. Diese referieren auf jeweils weitere Konzepte wie „Verschleierung“, „Passivität“ oder „Orientalismus“. Wenn die einzelnen Handlungsrollen mit den Merkmalen stereotyper Inhalte angereichert werden, dann sind sie durch Ambivalenz (der Bewertungen), illusorische Korrelationen (Negativität) und Fremdgruppenmarkierung charakterisiert. Eine wesentliche Rolle spielt bei solchen Markierungen die Sprache, denn individuelle Stereotype existieren auf einer kognitiv-mentalen Ebene und werden in massenmedialen Inhalten sprachlich realisiert (vgl. Dabrowska 1999: 85f) und somit kollektiv zugänglich gemacht.

Mit Hilfe der Merkmale stereotyper Inhalte können Stereotype empirisch erfasst werden. Entsprechend werden die Häufigkeiten und Bewertungen von Eigenschaften und dem Verhalten muslimischer Frauen in der Berichterstattung sowie Thematisierungsanlass erhoben. So können Aussagen über negatives und extremes Verhalten sowie über ambivalente Bewertungen getroffen werden. Auf sprachlicher Ebene werden begriffliche Auffälligkeiten wie Fremdwörter oder imageprägende Bezeichnungen herausgearbeitet. Weiter wird untersucht, ob sich Tendenzen zur Vereinfachung innerhalb der Berichterstattung nachweisen lassen. Außerdem muss geprüft werden, welche stereotypen Handlungsrollen tatsächlich vorkommen (zur Operationalisierung von Stereotyp siehe Kapitel 5.4). Aber nicht nur die sprachliche Gestaltung aktiviert bestimmte Repäsentationsmodelle, sondern auch Visualisierungen innerhalb eines bestimmten Kontexts.

4 Visualität in der Presseberichterstattung

Visualisierungen von Objekten und Ereignissen nehmen innerhalb der Medienberichterstattung einen hohen Stellenwert ein. In den letzten Jahren wird von einem Visualisierungstrend gesprochen (vgl. Stöckel 2004: 2). Auch *Der Spiegel* ist bekannt dafür, mit viel Bildmaterial zu arbeiten (vgl. Schiffer 2005: 69). Bei Berichten zum Islam oder Musliminnen haben sich Bilder von verschleierten Frauen zu einem beliebten Motiv avanciert (vgl. Pinn/Wehner 1995: 199). Die folgenden Teilkapitel thematisieren deshalb ausführlicher den Trend zur visuellen Kommunikation, das Pressefoto als authentisches Bild und die Besonderheit des Kopftuchs als visualisiertes Fremdzeichen.

4.1 Der Trend zur Visualisierung

Gegenwärtig kann von einer immer größer werdenden Signifikanz visueller Darstellungen in der Massenkommunikation gesprochen werden. Die Visualität befindet sich auf dem Vormarsch und erzeugt die oft erwähnten Bilderfluten (vgl. Stöckel 2004: 3). Visualisierung soll nachfolgend eng gefasst werden und wird verstanden als *„Prozess der Verbildlichung von Inhalten oder Botschaften."* (Müller 2005: 470)[25]. Entsprechend stehen Gestaltungs- und Wirkungsaspekte im Vordergrund. Vor allem die in den letzten Jahren stetig zugenommenen Visualisierungen innerhalb der Massenmedien sind Gegenstand des noch jungen Forschungsfeldes der visuellen Kommunikation[26]. Die rasante technische Entwicklung hat die Vorraussetzungen für eine kostengünstige Herstellung und Distribution von massenmedialem Bildmaterial geschaffen. Im Forschungsbereich der visuellen Kommunikation wird entweder nach der Entstehungssituation von Fotos gefragt, nach möglichen Wirkungen auf den Betrachter oder – wie es nachfolgend der Fall ist – nach dem Motiv bzw. dem Bildmaterial selbst (vgl. Müller 2003: 14f).

---

[25] Nachfolgend wird unter „Visualisierungen" ausschließlich fotographisches Material verstanden. Tabellen und Graphiken werden nicht berücksichtigt.

[26] Einen Überblick über die Entwicklung des Forschungsfeldes visueller Kommunikation sowie weiterführende Literaturhinweise findet man bei Barnhurst et. al. (2004).

Der Gebrauch von Bildern erfolgt meist eingebettet in einen Text. Daraus resultieren verschiedene Sprach-Bild-Relationen. Dabei deutet alles darauf hin, dass visuelle Kommunikation anders abläuft als auf Texten basierende Kommunikation. Die Logik von textuellen Kommunikationsprozessen ist rational-argumentativ, während bildbasierende Kommunikation einer assoziativen Logik folgt. Das bedeutet, dass Ähnlichkeiten zwischen Bildern automatisch zu Analogieschlüssen auf der Bedeutungs- und Inhaltsebene führen, ohne dass es notwendigerweise rational erklärbar ist. Dabei bleiben distanzschaffende räumliche und zeitliche Diskrepanzen oft unbeachtet (vgl. Müller 2005: 470). Das Bild dient als Beleg für sprachliche Informationen, aber wird auch zunehmend selbst zur Informationsquelle. Visuelle Darstellungen sind salienter als verbale Informationen. Sie ziehen mehr Aufmerksamkeit auf sich, sie können Gegensätze unmittelbar sichtbar machen, ohne sie erklären zu müssen und sie suggerieren direkteres Miterleben des Geschehens. Das Bild wird vermeintlich sofort verstanden. Scheufele (2001:147) drückt das auf diese Weise aus: *„Einiges spricht also dafür, dass sich kognitive Muster über Visualisierung leichter aktivieren lassen als über Verbalisierung."*

Obwohl dem Pressefoto auf Grund der audio-visuellen Bilderfluten bereits sein naher Tod vorausgesagt wurde, ist die Anzahl der Fotos in Zeitungen und Zeitschriften gestiegen (vgl. Beifuß/Evers/Rauch 1994: 118). Das Pressefoto übernimmt eine wichtige Aufgabe bei der Informationsvermittlung, denn es lenkt die Aufmerksamkeit des Lesers auf einen bestimmten Artikel und die weitere Wahrnehmung des Inhalts. Mit der Bilderflut kam auch eine Informationsflut, die den Rezipienten zwingt, Informationen (sorgfältig) zu selektieren. Pressefotos haben dabei – ähnlich wie Überschriften – die Funktion eines Leitsystems (vgl. Liehr-Molwitz 1997: 100). Da es bestimmte Aufgaben innerhalb der Präsentation einer Nachricht übernimmt, kann nicht jedes Foto zum Pressefoto werden. Das Foto muss themenbezogen sein. Im Gegensatz zu einer Kunstfotografie kann es nicht ohne Zusammenhang präsentiert werden. Es steht im Kontext einer Nachricht oder Reportage und hat einen bestimmten Anlass. Es wird deshalb nicht ohne Text veröffentlicht. Das Pressefoto mit dazugehöriger Bildunterschrift muss auch die Fragen „Wer?", „Was?", „Wo?" und „Wann?" beantworten. Die Bilder bleiben mehrdeutig, wenn sie nicht in einen Kontext eingeordnet werden (vgl. Beifuß et. al. 1994: 115f).

Ein Beispiel dafür, wie Pressefotos ihren Bedeutungsgehalt durch den dargestellten Kontext verändern können, wird in Kapitel 4.4 gezeigt.

4.2 Das Pressefoto – Ein authentisches Bild?

1904 gab der „Daily Mirror" als erste Zeitung eine Ausgabe heraus, in der alle Illustrationen ausschließlich Fotos waren. Das Pressefoto und seine Massenproduktion leitete kurze Zeit später das Zeitalter der visuellen Kommunikation ein. Die Entwicklung der Technik schritt schnell voran und bald war ein Foto umso wertvoller, je aktueller und deutlicher die Aufnahme war. Noch bis in die 1920er Jahre wurde der Text als weitaus wichtiger eingestuft als das Pressefoto. Dies änderte sich jedoch schrittweise mit der Geburt des modernen Fotojournalismus durch die Erfindung der Kleinbildkamera 1928. Das Zeitalter der Bildpublizistik wurde in Deutschland 1952 durch das Boulevardblatt *Bildzeitung* eingeläutet und blühte in den 1950er und 60er Jahren durch die Erfolge des Nachrichtenmagazins *Stern* auf (vgl. Macias 1990: 6ff).
Der dokumentarische Charakter des Pressefotos scheint uns auch heute noch die Welt nach Hause zu bringen. Wir kennen dadurch Personen, Länder und Katastrophen, die wir in der Realität noch nie gesehen haben (vgl. ders.: 61). Eine größere Glaubwürdigkeit als das geschriebene Wort verdankt das Pressefoto seinen spezifischen Eigenschaften. Die technische Präzision verleiht dem Foto eine große Wirklichkeitsnähe. Der Abstraktionsgrad von Bildern ist weitaus höher als der von Sprache und so können Bilder auch mit einem Blick erfasst und verstanden werden. Diese Art von Unmittelbarkeit bewirkt eine starke Tendenz zur Emotionalisierung. Ebenso können dadurch Widersprüchlichkeiten ohne weitere Erklärungen sichtbar gemacht werden. Nicht zu Letzt wird die menschliche Lust am Schauen befriedigt (vgl. ders.: 63).
Journalistische Bilder beanspruchen, die Welt objektiv wiederzugeben. Sie gelten als Beleg der eigenen Wahrnehmung. Innerhalb dieses Objektivitätsanspruches ist die Authentizität die zentrale Norm der visuellen Berichterstattung im Informationsjournalismus (vgl. Grittmann 2003: 123). Aber die professionellen Routinen und Regeln bei der Beobachtung, Auswahl und Darstellung von Wirklichkeit prägen und beeinflussen nicht nur die Texte, sondern auch die visuellen

Darstellungselemente. Vom Ereignis bis zur Veröffentlichung eines Pressefotos von diesem Ereignis müssen verschiedene Stufen durchlaufen werden, die Objektivität und Authentizität beschneiden. Innerhalb eines Ereignisablaufes wird vom Pressefotografen ein Ausschnitt ausgewählt. Dieser wird dann mit einem bestimmten Objektiv, in einem bewusst gewählten Winkel etc. fotografiert. Im Labor wird es dann weiter bearbeitet. Innerhalb der Redaktion wird eine Fotografie ausgewählt, gelayoutet, mit einer entsprechenden Unterschrift versehen und in einer bestimmten für das Medienprodukt typischen Aufmachung veröffentlicht. Von der Aufnahme bis zur Veröffentlichung durchläuft das Pressefoto so verschiedene Selektionsprozesse, so dass durch bewusst oder unbewusst vorgenommene Verarbeitungsroutinen nicht mehr von einem Abbild optisch erfassbarer Realität gesprochen werden kann. Es ist zu einer Art Nachbildung geworden (vgl. Beifuß et. al. 1994: 125f und Macias 1990: 66).

Durch einige charakteristische Darstellungsmerkmale von Pressefotos wird dennoch der Schein der Natürlichkeit gewahrt. Die aufgenommenen Personen sollten möglichst nicht direkt in die Kamera blicken, so dass der Eindruck entsteht, dass das Geschehen unabhängig vom Fotografen abläuft. Die gewählte Perspektive zeigt die Menschen meist auf Augenhöhe, mit dem Ergebnis, dass die Wahrnehmungssituation natürlich wirkt. Ähnliches gilt für die Einstellungsgröße. Bei Analysen von Pressefotos in überregionalen Tageszeitungen wurde deutlich, dass die überwiegende Mehrheit (90,5%) aller Fotos in einem mittleren Einstellungsbereich zwischen Großaufnahme und Halbtotalen liegt. Mittels dieser Praktiken wird ein Wirklichkeitsausschnitt gezeigt, der dem des Rezipienten entspricht (vgl. Grittmann 2003: 142ff). Ein weiteres Instrument, welches die Natürlichkeit des Bildausschnitts unterstreichen soll, ist der Anschnitt. Dabei sind Personen oder Gegenstände nicht vollständig auf dem Foto zu sehen. Dadurch kann sich der Betrachter den Raum und die Situation weiter denken. Die Natürlichkeit wird auch dadurch betont, dass außer in der Sportfotografie selten Effekte verwendet werden. Die Authentizität des Pressefotos wird zu einem Konstrukt, das den professionellen Regeln und Konventionen der Journalisten sowie den Redaktionen unterliegt (vgl. dies.: 146).

4.3 Das Kopftuch als visualisiertes Fremdzeichen

Betrachtet man Illustrationen zur Islam- und Orientberichterstattung genauer, ist auffällig, dass der islamische Kulturkreis dem europäischen Beobachter ein großes Repertoire an Fremdzeichen bietet. Dabei handelt es sich um Merkmale, die es erlauben, den Anderen als fremd – als muslimisch zu identifizieren. Sie fungieren als Abgrenzungszeichen zu einem anderen Kulturkreis und ermöglichen gleichzeitig eine Identifikation mit der eigenen Kultur (vgl. Mohr 1994: S. 36). Auf Muslime bezogen, handelt es sich vorrangig um Äußerlichkeiten, die es dem Betrachter ermöglichen, die wahrgenommene Person in den islamischen Kulturkreis einzuordnen. Dabei herrscht die Logik, dass das innere Wesen an Äußerlichkeiten – am sichtbaren Bild ablesbar sei (vgl. Kliche 2000: 138).
Bei Männern spiegeln sich die vermeintlichen Äußerlichkeiten im Tragen eines Bartes und einer Kopfbedeckung wie dem Turban oder einer kleinen weißen Mütze sowie dem Kaftan oder der Galabiyya wider. Bei Frauen ist es das viel diskutierte Kopftuch bzw. der Schleier. Obwohl die Geschichte des Schleiers weit in die vorislamische Zeit zurückreicht und die Motive für das Tragen sehr vielfältig sind[27], gilt er als wichtigstes Erkennungszeichen einer traditionellen Muslima und häufig auch als Symbol deren Unterdrückung. Damit avancierte der Schleier zum Kennzeichen der Andersartigkeit der islamischen Kultur (vgl. Lutz 1992: 72, Schiffer 2005: 82 und Kuske 1994: 268).

> *Trägt die Frau ein Kopftuch, dann ist sie zweifellos islamisch und damit entweder rückständig und unterdrückt oder aber fanatisch. Trägt sie kein Kopftuch, […] dann wird sie als 'Orientalin' klassifiziert, oder […] gilt unvermeidlich als 'verwestlicht'.*
> (Attia 1994: 215)

[27] Zur Geschichte des Schleiers und der Verschleierung siehe Knieps (1999). Eine kürzlich veröffentlichte Studie nennt Begründungen von muslimischen Frauen, die ein Kopftuch tragen. Dabei gab die Mehrheit der Frauen an, dies aus religiösen Gründen zu tun, wobei die Entscheidung nichts mit dem Druck männlicher Familienangehöriger zu tun hatte (vgl. Jessen/von Wilamowitz-Moellendorff 2006).

4.4 Frei oder Unterdrückt? Visuelle Darstellungen und ihr Kontext

Der Fotojournalist Santiago Lyon nahm im Herbst 1996 in Afghanistan ein Foto auf, mit welchem er 1997 den Bayeux-Calvados Preis für Kriegsreporter gewann. Es zeigt eine Gruppe von Frauen, die alle den afghanischen Ganzkörperschleier – die Burka tragen. Das Gitternetz vor den Augen deutet an, dass ihre Blicke auf die Kamera gerichtet sind. Aus ihrer Mitte reckt ein nur mit Kopftuch bekleideter Mädchenkopf heraus. Von dem Gegensatz der verschleierten Frauen und dem unverschleierten Mädchen lebt dieses Bild. Damit zieht es Aufmerksamkeit auf sich und belegt die Botschaft, die in den Massenmedien zu dieser Zeit verbal verbreitet wurde: mit der Machtergreifung der Taliban blicken Frauen einer düsteren Zukunft in der Burka entgegen (vgl. Grittmann 2003b: 269). Nach dem 11. September 2001 ist jenes Foto erneut auf den Titelseiten von Zeitungen und Zeitschriften zu sehen. Diesmal – kurz vor dem US-amerikanischen Angriff auf Afghanistan – prophezeit das Foto die baldige Befreiung der afghanischen Frau (vgl. dies.: 270).

Grittmann (2003b) argumentiert, dass die Selektions- und Präsentationsprozesse der Fotos von der Weltanschauung der Heimatredaktion geprägt sind. Die Vorstellung, dass die Bilderauswahl auch von einer ideologischen Perspektive aus betrachtet werden kann, geht auf Stuart Hall zurück. Er befasste sich mit der Frage, warum bestimmte Fotos überhaupt veröffentlicht werden. Durch den Text wird eine Bedeutungsebene geschaffen, die sich auf das Wertesystem derjenigen Gesellschaft bezieht, in welcher das Foto für die Veröffentlichung ausgewählt wurde. Das Bild steht nicht nur für das, was es zeigt, sondern der verbalsprachliche (Kon)text definiert eine weitere Bedeutungsebene (vgl. dies.: 272f).

Grittmann (2003b: 275) stellt weiter fest, dass das Bildmotiv zu einem beliebten Bildtypus innerhalb der westlichen Medienlandschaft geworden ist. Akteure, Orte und Situationen können dabei wechseln, das Motiv bleibt gleich. Es gibt somit mehr Auskunft über ideologische Diskurse als über das Abgebildete selbst, denn der Gegensatz „Verschleierung" und „Entschleierung" scheint für die gesellschaftlichen Diskurse in der westlichen Welt bedeutsamer zu sein als beispielsweise die Umsetzung des Rechts auf freie Bildung und medizinische Versorgung afghanischer Frauen.

4.5 Zwischenfazit

Der islamische Kulturkreis bietet ein großes Repertoire an Zeichen, die in massenmedialen Inhalten immer wieder auftreten, um etwas als islamisch, d.h. als fremd zu markieren. Die angenommene Andersartigkeit der muslimischen Frau manifestiert sich in der Sichtbarkeit islamischer Kleidung allen voran des Kopftuchs.

Gleichzeitig begleiten und belegen immer mehr Fotos die sprachlichen Inhalte von Nachrichten. Dabei ist die scheinbare Authentizität lediglich durch verschiedene Selektions- und Präsentationsprozesse konstruiert (vgl. Grittmann 2003a: 146). Die visuelle Kommunikationsforschung untersucht neben jenen Entstehungs- und Wirkungsbedingungen auch die Bildinhalte. Sie fragt allgemein nach der Motivwahl sowie nach immer wiederkehrenden Handlungsrollen von Personen, denn so lassen sich Bildstereotype identifizieren (vgl. Grittmann 2001: 270).

Dabei steht das Bild nicht ohne Kontext, kann aber, wie das Beispiel des Lyon-Fotos zeigt, neu und völlig anders kontextualisiert werden, so dass es die vermeintlich eigenen gesellschaftlichen Werte wie Freiheit und Gleichheit der Geschlechter betont (vgl. Grittmann 2003b: 281). Die Betonung der Andersartigkeit und die gleichzeitige Aufwertung der eigenen Werte in Bezug auf den islamischen Kulturraum wurde schon in Kapitel 2.1.3 als Orientalismus identifiziert.

Visualisierung ist ein Bestandteil der Medienberichterstattung und es ist anzunehmen, dass auch die visuellen Darstellungen muslimischer Frauen Stereotype transportieren, wobei Kleidung bzw. Kopfbedeckung eine wesentliche Rolle spielen können. Allein der in den letzten Jahren gesellschaftlich geführte Diskurs um das „Kopftuchverbot“ an deutschen Schulen deutet darauf hin. Nachfolgend werden deshalb nicht nur Merkmale des verbalen Texts, sondern auch der Pressefotos erhoben und untersucht. Neben Häufigkeiten formaler Kennzeichen werden auch die Inhaltsmerkmale erhoben.

II. Empirischer Teil

Im zweiten Teil der Arbeit werden das Design der Untersuchung sowie die Ergebnisse der Analyse vorgestellt. Abschließend werden die Resultate diskutiert und im Ausblick wird auf weiterführende Forschungsfragen verwiesen.

5 Methodisches Vorgehen

Ein wesentlicher Bestandteil einer jeder empirischen Untersuchung ist, die methodische Vorgehensweise offen zu legen. Dadurch wird die Studie intersubjektiv nachvollziehbar. Entsprechend der ausgewählten Methode existiert ein festes Regelsystem, nach welchem zielgerichtet gehandelt wird (vgl. Roth/Holling 1999: 36). In den folgenden Kapiteln werden Hypothesen, Untersuchungsgegenstand und -methode sowie der Analyseprozess vorgestellt.

5.1 Ziel, Forschungsfragen und Hypothesen

Das Ziel der vorliegenden Arbeit ist es, zu untersuchen, innerhalb welcher thematischen Kontexte über muslimische Frauen berichtet wird, welche Handlungsrollen sie dabei einnehmen und ob die Berichterstattung Merkmale stereotyper Inhalte aufweist. Die Analyse findet hauptsächlich auf verbaler, aber auch auf visueller Ebene statt. Der erste Teil der Arbeit hat dafür die theoretischen Grundlagen gelegt, aus denen sich Annahmen ableiten lassen, die einer empirischen Prüfung bedürfen. Es ergeben sich folgende Forschungsfragen:

1) Worüber wird berichtet/was sind die Inhalte?
- Welche Themen überwiegen in der Berichterstattung über muslimische Frauen? Was sind die Thematisierungsanlässe?
- Welche Handlungsrollen übernehmen Musliminnen innerhalb der Thematiken? Haben sich Themenschwerpunkte und Handlungsrollen innerhalb des Untersuchungszeitraumes verändert?

2) Welche Merkmale weist die Berichterstattung auf?

- Wie werden die Themen bzw. das Verhalten und die Eigenschaften von Musliminnen bewertet? Wie werden sie attribuiert?
- Werden Musliminnen als Fremdgruppe markiert?
- Wie werden die Inhalte und deren Merkmale stabilisiert?

3) Was wird in welcher Art und Weise visualisiert?

Um die Forschungsfragen beantworten zu können, werden von ihnen und den theoretischen Vorüberlegungen ausgehend Hypothesen aufgestellt. Das sind „alle Arten empirischer Aussagen“ (Opp 1999: 38), die auf ihre Richtigkeit geprüft werden müssen.

H: 1.1	Wenn über muslimische Frauen berichtet wird, dann im Kontext politischer Themen. Wobei der Thematisierungsanlass überwiegend negativ ist.

Auf Grund der Befunde zur Ausländer-, Islam-, Musliminnen- und Auslandsberichterstattung (vgl. Kapitel 2.2 und Kapitel 2.3) kann davon ausgegangen werden, dass sich die berichteten Themen auf ein einseitiges Spektrum von politischen Inhalten konzentrieren. Außerdem zeigen die Befunde, dass Negativität eine große Rolle innerhalb der Berichterstattung spielt.

H: 1.2	Wenn über muslimische Frauen berichtet wird, dann nehmen sie überwiegend eine Opferrolle ein, während die Muslima in der Rolle als Exotin kaum noch beachtet wird.

H: 1.3	Wenn über muslimische Frauen innerhalb politischer Themen berichtet wird, dann kommen sie vorwiegend in der Rolle der Extremistin vor.

Die Befunde zum Thema „Musliminnen in den Massenmedien“ deuten darauf hin, dass das Stereotyp „Muslima“ verschiedene und auch ambivalente Rollenausprägungen enthält (vgl. Farrokhzad 2006: 75 und ZIF 2002: 137).

Im 18. und 19. Jahrhundert stand fast ausschließlich die Haremsfrau als Objekt der Begierde im Vordergrund, während heute eine Opferrolle anzutreffen ist (vgl. Pinn 1997: 217f). Innerhalb des Themenbereichs „Politik" könnte sie dann entweder die Rolle einer Extremistin oder der modernen und emanzipierten Politikerin einnehmen.

Der Medienberichterstattung – besonders jener über andere Nationen und Kulturen – wird oft vorgeworfen, Stereotype zu transportieren und zu stabilisieren. Aus diesem Grund bezieht sich der zweite Komplex der Hypothesen auf stereotype Inhalte der Berichterstattung. Diese zeichnen sich dadurch aus, dass sie ambivalente Vorstellungen über eine Personengruppe enthalten, die gleichzeitig überwiegend von negativen und extremen Verhaltensmerkmalen geprägt sind. Außerdem werden jene Personen als Fremdgruppe markiert (vgl. Kapitel 3).

H: 2.1	Wenn über muslimische Frauen berichtet wird, dann sind die auf sie oder ihr Verhalten Bezug nehmenden Attribute überwiegend negativ. Es kommen jedoch auch positive vor.

H: 2.2	Wenn über muslimische Frauen berichtet wird, dann werden sie als eine Fremdgruppe markiert.

Um sich abzugrenzen und eine eigene Identität zu erhalten, müssen sich Menschen von anderen unterscheiden. Dies gelingt, indem man Fremdgruppen schlechter als die Eigengruppe darstellt. Die verwendete Sprache spielt bei der Beschreibung von Attributen und Verhaltensweisen, die die Fremdgruppen charakterisieren, eine wichtige Rolle (vgl. Kapitel 3.6).

H: 2.2a	Wenn muslimische Frauen bzw. ihr Verhalten bewertet werden, dann ist die Richtung der Bewertung negativ. Wobei sie hauptsächlich von Nicht-Muslimen bewertet werden.

Auf Grund ethnozentristischer Wahrnehmungs-, Beurteilungs- und Handlungstendenzen gegenüber dem islamischen Kulturkreis (vgl. Kapitel 2.1.3) und der Theorie der sozialen Identität (vgl. Kapitel 3.3) wird davon ausgegangen, dass vor allem Nicht-Muslime das Verhalten von Musliminnen negativ bewerten.

H: 2.2b	Wenn über muslimische Frauen berichtet wird, dann ist die Berichterstattung vereinfachend.

Vereinfachungen und Generalisierungen sind ein wesentliches Merkmal von Stereotypen, dass mit unserer kategoriegeleiteten Informationsverarbeitung zusammenhängt und die Fremdgruppe als homogene Masse erscheinen lässt (vgl. Kapitel 3.2).

H: 2.2c	Wenn über muslimische Frauen berichtet wird, dann trägt die Sprache durch Verwendung von Fremdwörtern und durch verallgemeinernde und abwertende Bezeichnungen zur Markierung muslimischer Frauen als Fremdgruppe bei.

Sprache ist ein Ausdrucks- und Gestaltungsmittel, welches die Informationsverarbeitung lenkt. Besonders Wörter, die als fremd und andersartig präsentiert werden ziehen Aufmerksamkeit auf sich und aktivieren entsprechende Kategorien in den kognitiven Netzwerken. Durch verallgemeinernde und abwertende Bezeichnungen werden Musliminnen kollektiv spezifische Eigenschaften zugeschrieben und es wird sich sprachlich von ihnen abgegrenzt (vgl. Kapitel 3.6).

H: 2.3	Wenn Musliminnen als Ausnahme präsentiert werden, dann werden sie anders bewertet als wenn sie nicht als Ausnahme präsentiert werden.

Informationen, die konträr zum bereits vorhandenen Kategoriewissen über bestimmte Objekte und Sachverhalte sind, können als Ausnahmen eingestuft und für nicht repräsentativ gehalten werden. So werden stereotype Vorstellungen stabilisiert (vgl. Kapitel 3.2).

H: 3.1	Wenn über muslimische Frauen berichtet wird, dann haben Visualisierungen (Fotos) einen hohen Stellenwert.

In den letzten Jahren wird von einem zunehmenden Trend zur Visualisierung in den Massenmedien gesprochen und gerade der islamische Kulturraum bietet eine Reihe von Fremdzeichen und scheinbaren Widersprüchlichkeiten, die sich gut visuell darstellen lassen und damit die Aufmerksamkeit und Wahrnehmung des Lesers lenken können. (vgl. Kapitel 4).

H: 3.2	Wenn über muslimische Frauen berichtet wird, dann ist das Kopftuch das am häufigsten visualisierte Fremdzeichen.

H: 3.3	Wenn über muslimische Frauen berichtet wird, dann werden häufig Kontraste visualisiert.

H: 3.4	Wenn muslimische Frauen abgebildet werden, dann unterscheidet sich ihre Kleidung je nach Handlungsrolle und Eigenschafts- bzw. Themenbewertung.

5.2 Auswahlverfahren

In der empirischen Sozialforschung werden in der Regel über eine große Menge von Objekten Aussagen gemacht (vgl. Brosius/Koschel 2003: 80). Aus forschungsökonomischen Gründen werden die zu untersuchenden Objekte nach bestimmten Kriterien ausgewählt – aus der Grundgesamtheit wird eine Stichprobe gezogen. Die Grundgesamtheit wird entsprechend des Forschungsziels definiert (vgl. Merten 1995: 280). In der vorliegenden Arbeit sind das alle Artikel über muslimische Frauen im Nachrichtenmagazin *Der Spiegel* im Zeitraum 1975-2005. In den ersten 20 Jahren des Untersuchungszeitraumes ist die Berichterstattung zum Thema gering, so dass eine Stichprobenziehung innerhalb verschiedener Zeiträume nicht sinnvoll war und eine Vollerhebung gemacht wurde. Alle Objekte der Grundgesamtheit wurden somit in die Analyse aufgenommen. Insgesamt wurden 91 Artikel und 324 Fotos kodiert.

Das Nachrichtenmagazin *Der Spiegel* als Auswahleinheit

Für die Analyse wurde das Nachrichtenmagazin *Der Spiegel* ausgewählt. Die Einordnung des *Spiegels* in eine Pressetypologie ist umstritten. Wilke spricht von einer politischen Zeitschrift bzw. Magazin (vgl. Wilke 2004: 450). Pürer/Raabe (1996: 185) verorten ihn von der formalen äußeren Erscheinung bei

den Zeitschriften, mit Blick auf den redaktionellen Inhalt jedoch bei den Wochenzeitungen und sprechen deshalb von einer Sonderstellung des *Spiegels*.
Das Magazin zeichnet sich durch einen charakteristischen Stil aus. Dazu gehören ein bereits häufig kritisierter „hämischer Sprachgebrauch" (ebd.: 185) und die Spiegel-Story. Sie ist eine typische Textgattung und die am häufigsten verwendete Darstellungsform des Magazins, die sowohl unterhalten, informieren als auch meinungsbildend sein soll. Durch mehrere farbige Illustrationen (vgl. Wilke 2004: 450) hat die Spiegel-Story einen großen Umfang.
Der Spiegel ist im politischen Spektrum eher links einzuordnen (vgl. Pürer/Raabe 1996: 185) und bekennt sich zum investigativen Journalismus. Auf Grund von *Spiegel*-Artikeln sind in der Geschichte der Bundesrepublik Deutschland schon mehrere Politik-Skandale an die Öffentlichkeit gelangt. Der bekannteste ereignete sich 1962 und wurde als „Spiegel-Affäre" bekannt (vgl. ders.: 186).
Laut Allensbacher Markt- und Werbeträgeranalyse hat *Der Spiegel* 2006 eine Reichweite von 9,3% und wird damit durchschnittlich von 6,04 Millionen Lesern rezipiert. Damit liegt er zwischen *Focus* (7,8%; 5,06) und *Stern* (12,2%; 7,93) (vgl. AWA 2006). Durch seine hohe Reichweite und seine publizistische Linie, die teilweise umstritten ist, hat er die Rolle eines innerjournalistischen Meinungsführers[28] (vgl. Wilke 2004: 450).
Das Nachrichtenmagazin sieht sich selbst auch als Meinungsführer und gibt an, dass es 2004 das *„meistzitierte Medium"* (Faszination-Spiegel: 2) war. Seine Stärken seien: intensive Recherche, gründliche Hintergrundinformation sowie spannende Geschichten (vgl. ebd.). Als seine redaktionellen Kernkompetenzen werden Politik und Wirtschaft genannt. Damit möchte sich das Nachrichtenmagazin von seinem Konkurrenten *Focus* abheben. Gleichzeitig gebe es aber auch den Anspruch, Geschichten von Menschen zu erzählen.

[28]Das Meinungsführerkonzept geht auf die Informationsdiffusionsforschung und speziell auf die Wahlstudien von Lazarsfeld, Berelson und Gauder in den 1940ern zurück. Sie fanden heraus, dass es Personen gibt, die sich u.a. durch größeres Wissen in einem bestimmten Gebiet und häufigere Mediennutzung auszeichneten. Sie bilden deshalb eine Art Schnittstelle zwischen Massenmedien und interpersonaler Kommunikation. Das Konzept wurde seither verändert und erweitert (vgl. Schenk 2004: 66f). Überträgt man es auf das System Journalismus, dann können Zeitungen und Magazine, an denen sich Journalisten anderer Medienprodukte orientieren und welche als Informationsquelle genutzt werden, als Meinungsführermedien bezeichnet werden.

Dafür arbeiten 270 Journalisten in Deutschland und 22 Auslandskorrespondentenbüros[29] an den Spiegel-Storys (vgl. ders.: 3). Die Leserschaft wird als überdurchschnittlich interessiert beschrieben: *„Sie haben Freude an tiefer, umfassender, aktueller Information und einen ausgeprägten Wunsch nach meinungsbildender Analyse"* (ders.: 4).
Dieses Selbstbild und die Tatsache, dass *Der Spiegel* ein Meinungsführermedium ist, machen ihn für eine Analyse interessant. Er gilt als seriöses politisches Magazin, sein Stil wurde aber auch schon in Bezug zum Thema „Einwanderung" scharf kritisiert (vgl. Farrokhzad 2006: 63). Hentges (2006:108) stellt fest, dass die *Spiegel*-Berichterstattung zwischen ökonomisch nützlichen Zuwanderern und Flüchtlingen, Asylbewerbern und Aussiedlern unterscheidet. Während mit Hilfe von Fotos und Diagrammen für die Sympathien für erstere geworben wird, werden gegen letztere Abneigungen erzeugt. Im Zusammenhang mit seiner Islamberichterstattung gilt *Der Spiegel* als selektiv und meist abwertend (vgl. Thofern 1998: 140). Farrokhzad (2006: 73) sieht in der Bezugnahme auf einzelne authentische Fälle ein Stilmittel des Magazins. Es fehlt an Vielfalt, die durch die Präsentation von Einzelfällen nicht gewährleistet werden kann.
Die Repräsentativität der Ergebnisse ist aber gleichzeitig eingeschränkt, da die Auswahleinheit lediglich auf den *Spiegel* begrenzt ist. Da es sich um eine Sonderform zwischen Zeitschrift und Wochenzeitung (vgl. Pürer/Raabe 1996: 185) mit speziellen Charakteristika handelt, ist die Verallgemeinerbarkeit der Analyseergebnisse gering.

Auswahl der Analyseeinheit

Durch die Definition der Analyseeinheit wird festgelegt, von welcher Einheit Merkmale erhoben werden (vgl. Brosius/Koschel 2003: 192). In der vorliegenden Arbeit ist der einzelne Artikel[30] die Analyseeinheit. Die Artikel wurden durch die Autorin mittels Durchsicht der Inhaltsverzeichnisse von 1975-2005 gesucht und in die Analyse aufgenommen. Dieser Zeitraum wurde gewählt, da

---

[29] Die hier relevante Region wird von Auslandsbüros in Dubai, Istanbul, Kairo, Jerusalem und Neu Delhi abgedeckt (vgl. Alfeis am 17.10.2006).

[30] „Der Artikel ist eine in sich geschlossene Einheit, die in der Regel von einem oder manchmal mehreren Urhebern zusammen verantwortet und in der ein bestimmtes Thema abgehandelt wird." (Brosius/Koschel 2003: 192) Das können Reportagen, Interviews, Nachrichten im engeren Sinne usw. sein. In Bezug zum *Spiegel* gehört auch die Spiegel-Story dazu.

durch andere Studien bereits belegt wurde, dass die Islamberichterstattung seit der iranischen Revolution 1979 bzw. in den Monaten davor angestiegen ist (vgl. Thofern 1998:78). Aus diesem Grund wurde auch auf eine zunehmende Berichterstattung über Musliminnen gehofft.

Das *Spiegel*-Inhaltsverzeichnis hat sich in den vergangenen 30 Jahren zwar leicht verändert, die Hauptrubriken blieben im Wesentlichen jedoch dieselben. Berücksichtigt wurden entsprechende Artikel aus den Ressorts: Titelgeschichte/Titel; Spiegel-Gespräche; Deutschland; Wirtschaft; Ausland; Serie; Sport; Wissenschaft und Technik; Kultur; Medien; Gesellschaft. Unberücksichtigt blieben: Briefe; Impressum/Leserservice; Chronik; Register; Personalien; Hohlspiegel/Rückspiegel.

In die Analyse gingen alle Artikel ein, die im Inhaltsverzeichnis die Worte: Muslimin, Muslima, Musliminnen oder muslimische Frau/en sowie Islam und Frau/en aufwiesen. Weiterhin wurden alle Artikel berücksichtigt, in welchen die feminine Form von Staatsangehörigkeiten von Staaten mit mehr als 50% muslimischer Bevölkerung genannt wurde. Indien wurde dabei als ein Sonderfall behandelt.[31] Es gingen auch jene Artikel in die Analyse ein, die einen weiblichen Namen enthielten, der auf die Religionszugehörigkeit zum Islam schließen ließ.[32] Bei Uneindeutigkeit darüber, ob es sich um Muslimin/nen handelt, wurde der Artikel vollständig gelesen. Häufig wurde durch Zitate, Visualisierungen, islamischer Floskeln die Religionszugehörigkeit implizit erschließbar. Gab es immer noch Zweifel, ging jener Artikel nicht mit in die Analyse ein. Dieses Vorgehen erklärt sich daraus, dass nicht nur Artikel, die offensichtlich von Musliminnen handeln, für die Analyse berücksichtigt werden sollten. Denn dann hätte die Gefahr bestanden, dass die Untersuchung zu einer sich selbst bestätigenden Prophezeiung wird, in dem nur jene Artikel ausfindig gemacht werden, die explizit auf eine Opferrolle oder Rolle als Extremistin verweisen. Denn es wird angenommen, dass hier der Bezug zur Religion offensichtlicher und deshalb eine explizite Bezeichnung als „Muslimin“ wahrscheinlicher ist, als bei anderen

[31] In Indien sind nur ca. 12% der Bevölkerung muslimisch. Da die Gesamtbevölkerung Indiens beträchtlich ist, leben dort dennoch 100 Millionen Muslime als Minderheit (vgl. Thoraval 1999: 149). Artikel mit den Wörtern „Inderin/nen; indische Frau/en“ wurden deshalb in die Analyse erst einmal mit aufgenommen.

[32] Islamische Namen haben einige Charakteristika, so dass es in vielen Fällen möglich ist, am Namen einer Person deren Zugehörigkeit zum Islam abzulesen (vgl. Schimmel 1995).

Handlungsrollen muslimischer Frauen (z.B. als Politikerin), welche dann wahrscheinlich nicht in die Untersuchung aufgenommen worden wären.

5.3 Untersuchungsmethode

Der Untersuchungsgegenstand der vorliegenden Arbeit sind – allgemein ausgedrückt – Inhalte der Massenmedien bzw. deren Produkte. Als eine geeignete Untersuchungsmethode hierfür hat sich in der Kommunikationswissenschaft die Inhaltsanalyse etabliert (vgl. Brosius/Koschel 2003: 161). Es handelt sich dabei, um *„[...] eine empirische Methode zur systematischem, intersubjektiv nachvollziehbaren Beschreibung inhaltlicher und formaler Merkmale von Mitteilungen“* (Früh 2001: 24).[33]

In den meisten Lehrbüchern zur Inhaltsanalyse wird davon ausgegangen, dass es sich bei dem zu untersuchenden Medieninhalt um sprachlich kodifizierte Mitteilungen handelt, obwohl die Analyse nicht-sprachlicher Elemente nicht explizit ausgeschlossen wird (vgl. Rössler 2001: 141). Bilder[34] vermitteln aber auch Informationen über Ereignisse oder Sachverhalte, sie ergänzen Sprachinformationen oder lenken die Aufmerksamkeit des Rezipienten und müssen deshalb ebenso Beachtung finden. Bei der Bildinhaltsanalyse gibt es bisher wenige empirische Arbeiten und noch erhebliche methodische Mängel (vgl. Grittmann 2001: 262f). Deshalb liegt der Schwerpunkt der nachfolgenden Inhaltsanalyse auf der Erhebung formaler und inhaltlicher Textmerkmale. Die Bildanalyse wird eher explorativ durchgeführt.

Der Fragebogen als Kategorisierungshilfe

Für die Analyse wurde außerdem eine Befragung durchgeführt, welche ausschließlich als Hilfe zum Erstellen des eigentlichen Erhebungsinstrumentes –

---

[33] Eine weitere wichtige Definition von „Inhaltsanalyse“ im deutschsprachigen Raum stammt von Merten (1995), bei welcher der Aspekt der Inferenz auf einen nicht-manifesten Kontext eine wesentliche Rolle spielt. Da es in der vorliegenden Arbeit eher um eine deskriptive Analyse inhaltlicher und formaler Merkmale der Berichterstattung über muslimische Frauen geht, wird die Definition von Früh vorgezogen.

[34] Als „Bilder“ werden nachfolgend ausschließlich Pressefotografien verstanden. Graphiken, Karikaturen, Tabellen, Logos etc., die auch zu den Elementen der visuellen Darstellungsmittel gehören, werden nicht berücksichtigt.

dem Kodierbuch – diente. Der Fragebogen besteht aus fünf teils offenen und teils geschlossenen Fragen, die darauf abzielen, ob man Musliminnen an Äußerlichkeiten erkennen kann und ob sie charakteristische Eigenschaften haben.[35] Mittels willkürlicher Auswahl wurden 40 Personen innerhalb Thüringens befragt. Insgesamt 32 Fragebögen konnten ausgewertet werden. Durch das unsystematische Auswahlverfahren besteht kein Anspruch auf Repräsentativität (vgl. Brosius/Koschel 2003: 92).

Die Ergebnisse der Umfrage sind lediglich als Hilfestellung gedacht und sollen die Kategorienbildung des eigentlichen Erhebungsinstruments erleichtern. Auffällig ist, dass 81% der Befragten angaben, keinen Kontakt mit muslimischen Frauen in ihrem Alltag zu haben. Dennoch waren bei allen bestimmte Vorstellungen über Musliminnen vorhanden, die schwerlich durch direkte Interaktion zustande gekommen sein können.[36] Die Vermittlung dieser Information durch Sozialisationsinstanzen und damit auch durch Massenmedien ist sehr wahrscheinlich. So wird angenommen, dass die gebildeten Kategorien aus den Antworten der Befragten auch sinnvolle Inhaltsanalysekategorien sein können.[37]

Bis auf eine Person bejahten alle die Frage, ob man eine Muslimin an Äußerlichkeiten erkennen kann. Wobei einige Befragte darauf hinwiesen, dass es auch „unverschleierte" Musliminnen gibt. 66% nannten das Kopftuch explizit als Erkennungsmerkmal. Weitere häufige Antworten waren: weite, lange Kleidung,

---

[35] Der Fragebogen und eine Übersicht über die Antworten der offenen Fragen befinden sich im Anhang (A3, S. 144ff).

[36] In den neuen Bundesländern (ohne Berlin) leben nach Schätzungen des Interkulturellen Rats Leipzig ca. 30.000 Muslime. Davon leben die meisten Muslime in Leipzig (ca. 5000) (vgl. Gugutschkow am 17.10.06). Alle Anderen verteilen sich auf andere ostdeutschen Städte, so dass ein intensiver Kontakt zwischen Mehrheitsbevölkerung und muslimischer Minderheit innerhalb Thüringens selten ist.

[37] Hierbei wird von einer medien- bzw. quellenzentrierten Wirkungsperspektive auf der kognitiven Ebene ausgegangen. Wobei direkte Ursachen-Folgen-Beziehungen zwischen Medienrezeption und Medienwirkung problematisch sind und nur unter bestimmten Bedingungen zulässig (vgl. Schenk 2002: 44). Wie bereits erwähnt, geht es nicht um eine Wirkungsperspektive, sondern um eine Inhaltsbeschreibung. Die Ergebnisse der Befragung werden deshalb auch nicht als eine Kausalwirkung von einem Medieninhalt auf die Kognitionen der Rezipienten gedeutet und es kann auch nicht ausgeschlossen werden, dass andere Faktoren eine wesentliche Rolle spielen. Dennoch wird angenommen, dass Medieninhalte die Wissensbestände von Rezipienten beeinflussen. Aus diesem Grund dienen die aus dem Fragebogen gewonnenen Ergebnisse als Hilfestellung zur Erarbeitung des Erhebungsinstruments.

Schleier und Burka. Außerdem wurden Merkmale wie dunkle Haut, Haare und Augen genannt.

Die Antworten der offenen Fragen nach Substantiven bzw. Attributen, die einem beim Gedanken an muslimische Frauen in den Sinn kommen, lassen sich zu folgenden Kategorien zusammenfassen: Religion/Tradition, Familie, Männergesellschaft, Migration, Bekleidung, moderne Frau, Orientalin (vgl. Tab. 4).

Tab. 4: Zusammengefasste Kategorien der offenen Fragen

Religion/ Tradition[38]	Substantive: Tradition, Koran, Islam, Glauben, Rechte, Religion, Glaube, Gotteskrieger, Kultur, kein Schweinefleisch, Allah, Traditionsbewusst, Alkoholverbot, Polygamie, Moschee, Auflehnung, Beschneidung, Geschlechtertrennung, Keuschheit (vor der Ehe), Ehrenmord, Zwangsheirat Attribute: streng gläubig; reinlich, religiös, fanatisch, traditionell eingestellt, bedroht, gefangen, streng erzogen, gehorsam und nachgiebig nach außen – in ihrem Bereich pragmatisch und lebenstüchtig, schlecht gebildet
Familie	Substantive: Familie, Ehe, Mutterschaft, Ehefrauen, Kinder, Haushalt, Familienzughörigkeit, Familiensinn, Herrin des Hauses, Häuslichkeit, Enge, Kinderreichtum, Herzlichkeit, Stärke im Alltag, Durchsetzungsvermögen Attribute: kinderreich, freundlich, fleißig, kochend, kinderlieb
Männer-gesellschaft	Substantive: Unterordnung gegenüber Mann, Unterdrückung, Strafe, Gehorsam, Unterwürfigkeit, Abhängigkeit, Demütigung, Unterwerfung, Ehrfurcht/Scham vor fremden Männern, Sklavin/Diener des Mannes, Benachteiligung, Emanzipationsgedanke, Beugsamkeit Attribute: gehorsam, unterdrückt, untergeordnet, unmündig, devot, still, klein, unterwürfig, minderwertig, abhängig, ehrfürchtig, schamhaft, treu, untertan, nicht emanzipiert, geschlagen, gedemütigt
Migration	Substantive: Asexualität, Ausgrenzung, Flucht, Gefahr, Angst, Hemmungen, Vorsicht Attribute: unverstanden, fremd, separiert, abgeschottet (in Dtl.), lieblos, zurückhaltend, eigenartig, etwas fremd, schüchtern, eingeschüchtert, ernst, unsicher, isoliert
Bekleidung	Substantive: Kopftuchverbot bzw. Kopftuchdebatte, Kopftuch, Schleier, Bekleidung, Burka Attribute: schwarz verschleiert, verschleiert, verhüllt, uniform
Moderne Frau	Substantive: Business-Frauen, Emanzipation, Engagement, Attribute: modebewusst, modern, selbstbewusst, diszipliniert, fleißig, reformorientiert, engagiert, hart arbeitend
Orientalin	Substantive: Erotik, Arabien, Orient, Araber, Sinnlichkeit und Lebensbejahung, schöne Augen Attribute: schön, geheimnisvoll, interessant, stolz, sich unter Frauen wohler und natürlicher fühlend, tanzend, orientalisch, bunt

[38] Tradition und Religion gehören nur bedingt zusammen, denn viele Traditionen wurzeln noch in vorislamischer Zeit bzw. haben keinen religiösen Ursprung. Dennoch sind sie in einer Kategorie zusammengefasst, denn sie lassen sich häufig schwer trennen und werden oft vermischt.

Auffällig ist, dass die Kategorie „Männergesellschaft“ bei mehr als der Hälfte aller Antworten vertreten war. Die „Unterdrückung“ und „Unterordnung“ der Muslima ist eine verbreitete Vorstellung unter den Befragten. Häufig wurden auch Begriffe aus der Kategorie „Religion/Tradition“ genannt. Eine mögliche Erklärung hierfür ist, dass zu dem Zeitpunkt, als die Befragung durchgeführt wurde (Mai 2006) Ehrenmorde und Zwangsheirat zentrale Themen in der Presseberichterstattung waren. Die häufige Nennung dieser beiden Kategorien deutet auf eine wahrgenommene Opferrolle von Musliminnen hin. Angegeben wurde außerdem die Rolle muslimischer Frauen innerhalb der Familie. Schließlich gaben 28% der Befragten Substantive und Attribute an, aus denen die Kategorien „Moderne Frau“ und „Orientalin“ gebildet wurden.

5.4 Operationalisierung und Kodierbuch

Das Erhebungsinstrument der Inhaltsanalyse ist ein Kategoriensystem bzw. ein Kodierbuch. Die Kategorien werden mittels operationaler, d.h. messbar machender Definitionen gebildet (vgl. Brosius/Koschel 2003: 178). Dazu werden Indikatoren angegeben, die den Bedeutungsgehalt von Begriffen erfassen. Die Merkmale der *Spiegel*-Berichterstattung über muslimische Frauen werden somit entsprechend vorher festgelegter Regeln erhoben. Dadurch wird der Prozess, in dem Kommunikationsinhalte in Daten transferiert werden, explizit und nachvollziehbar gemacht (vgl. Früh 2001: 85).[39]

Zuerst werden die *Identifikatoren* erhoben. Das sind Variablen[40] wie Erscheinungsdatum eines Artikels. Sie sind unabhängig vom Inhalt und dienen der späteren Identifikation des einzelnen Artikels (siehe A2, Variable 1-4). Anschließend werden die *formalen Variablen* erhoben. Sie geben Auskunft über Umfang, Seitenzahl oder Platzierung (siehe A2, Variable 5-11). Dann folgen die *inhaltli-*

---

[39] Das Kodierbuch sowie Erläuterungen zum Kategorienschema (Operationalisierungen) befinden sich im Anhang (A2; S. 130ff).

[40] Variablen sind Eigenschaften der Untersuchungseinheit, deren Werte als Merkmalsausprägungen bzw. Kategorien bezeichnet werden (vgl. Benninghaus 2002: 17f). Die Untersuchungseinheit ist hier der Artikel über muslimische Frauen. Die Eigenschaft des Artikels, die untersucht werden soll, ist u.a. das Thema (Themenvariable). Diese Variable kann die Ausprägungen Politik, Recht, Integration, Kultur oder Wirtschaft annehmen.

chen Variablen, die aus dem Textinhalt erschlossen werden müssen (vgl. Merten 1995: 320). Das zentrale Konstrukt dieser Arbeit ist das Stereotyp von bzw. stereotype Berichterstattung über muslimische Frauen. Mit Hilfe der inhaltlichen Variablen soll dieses Konstrukt in der *Spiegel*-Berichterstattung nachgewiesen werden. Es handelt sich dabei jedoch, um einen Begriff mit *„indirektem empirischen Bezug"* (Brosius/Koschel 2003: 45). Deshalb ist es notwendig, das Konstrukt „Stereotyp" in verschiedene Indikatoren zu zerlegen und empirisch messbare Äquivalente dafür zu finden. Die einzelnen Kategorien sowie deren Merkmalsausprägungen werden dann auf Grundlage der Indikatoren gebildet. Damit soll vor allem die Möglichkeit des Kodierers zur Interpretation begrenzt werden. Anhand der inhaltlichen Variablen soll die theoriegeleitete Kategorien- und Indikatorbildung für das Konstrukt „stereotype Berichterstattung über muslimische Frauen" beispielhaft nachvollzogen werden:

Worüber wird berichtet:
Themen und Handlungsrollen (Variable 12-18)

Ein Teilaspekt der verwendeten Arbeitsdefinition von „Stereotyp" (vgl. S. 47) besagt, dass es sich um kulturell geteilte Vorstellungssysteme handelt. Damit ein Stereotyp von vielen Menschen innerhalb eines Kulturkreises geteilt wird, muss der Inhalt zuvor auf immer ähnliche Weisen durch verschiedene Instanzen wiederholt und kommuniziert worden sein. Mit den unter diesem Unterpunkt erhobenen Variablen sollen deshalb die Häufigkeiten des Vorkommens von gleichen Themen, Handlungs- und Akteursrollen und deren Merkmale innerhalb der Berichterstattung erhoben werden. Die Bewertung des Themas soll angegeben werden, um Aussagen darüber zu machen, ob die Thematisierungsanlässe eher positiv oder negativ sind. Mit Hilfe der Variable „Rolle der Muslimin(nen)" wird erhoben, in welchen Handlungsrollen muslimische Frauen wie oft vorkommen. Die Kategorieausprägungen wurden an Hand der bereits gemachten Befunde über Musliminnen in den Medien (siehe Kapitel 2.2) bestimmt, untergliedert und in den Erläuterungen genauer definiert. Mit den Variablen dieses Abschnittes lässt sich die erste Forschungsfrage beantworten: *Worüber wird berichtet?*

Worüber wird berichtet:
Attribute (Variable 19-22)

Die Arbeitsdefinition besagt weiterhin, dass es sich bei Stereotypen um Merkmale einer Personengruppe handelt. Deshalb sollen im nächsten Abschnitt des Kodierbuches häufige Attribute erhoben werden, die im Zusammenhang mit der Berichterstattung über muslimische Frauen genannt werden. Außerdem wurde im Kapitel 3.3 dargelegt, dass es sich vorwiegend um negative Eigenschaften handelt, mit denen Personengruppen beschrieben werden. Hier werden deshalb Attribute und deren Bewertungstendenz sowie die positiven und negativen Bewertungsanteile erhoben. Attribute dienen dazu, einem Bezugswort eine Eigenschaft zu zuweisen und es näher zu bestimmen. Sie können als Erweiterung zu einem Nomen verstanden werden (vgl. Glück 2000: 72). Bezugsnomen ist/sind hier die Muslimin(nen). Als Eigenschaftszuschreibungen werden nachfolgend Adjektive und Adverben verstanden, die *„eine Person, einen Gegenstand, ein Geschehen, eine Eigenschaft oder eine Relation […] spezifizieren bzw. näher […] charakterisieren.“* (ders.: 11 und 13). Um die erhobenen Daten zusammenzufassen und später auswerten zu können, werden Attributskategorien gebildet.
Dazu wurden hauptsächlich die Kategorien der Fragebogenauswertung verwendet (vgl. Tab. 4/S. 67) Die Bewertungsrichtung wird in einem zweiten Schritt erhoben. Mit den Variablen dieses Abschnitts lassen sich die Fragen beantworten: *Wie werden die Themen bzw. Verhalten und Eigenschaften von Musliminnen bewertet? Wie werden sie attribuiert?*

Worüber wird berichtet:
Präsentation als Fremdgruppe (Variable 23-27)

Ein wichtiger Aspekt der Definition ist, dass sich jenes kulturell geteilte Vorstellungssystem über Persönlichkeitsmerkmale auf eine bestimmte Gruppe von Menschen bezieht. In diesem Fall soll das massenmediale „Vorstellungssystem“ untersucht werden, das sich auf die Gruppe „muslimische Frauen“ bezieht.
Ein wesentliches Prinzip von Stereotypen ist, die Eigengruppe positiver als die Fremdgruppe erscheinen zu lassen. In Bezug auf den (muslimischen) Orient wurde dies als Orientalismus identifiziert (siehe Kapitel 2.1.3). Deshalb wird an dieser Stelle erhoben, wer das Verhalten muslimischer Frauen bewertet und ob sie in bestimmten Rollen als Ausnahmeerscheinung präsentiert werden, denn

dadurch können sich stereotype Inhalte verfestigen. Es lässt sich somit folgende Frage beantworten: *Werden stereotype Inhalte stabilisiert?*

Vereinfachungen und Generalisierungen (Variable 28-32)

Weitere wichtige Aspekte, auf welche bereits Lippmann (1922/1998) hingewiesen hat und welche in Definitionen von Stereotyp häufig vorkommen, sind Generalisierungen und Vereinfachungen von komplexen Sachverhalten. Im vorliegenden Kodierbuch werden diese unter dem Punkt „Präsentation als Fremdgruppe" erhoben, denn Generalisierungen über Mitglieder von Fremdgruppen ist ein bekannter Mechanismus um sich von ihnen abzugrenzen. Hier steht deshalb im Vordergund, ob Namen, Nationalität oder genaue Religionszugehörigkeit der Musliminnen in der Berichterstattung genannt werden. So kann geprüft werden, ob über Personen als Individuen oder als Mitglieder eines Kollektivs berichtet wird. Wie die Befunde zur Islamberichterstattung zeigen (siehe Kapitel 2.2) wird der Islam oft als homogener Block dargestellt, der sich in ein Freund-Feind-Schema pressen lässt. Ob Gleiches auch für die Berichterstattung über Musliminnen gilt oder ob hier differenziert wird, soll hiermit erhoben werden.

Eine Fremdgruppe wird außerdem als homogen wahrgenommen, wenn mit ihnen in Verbindung stehende komplexe Sachverhalte und Ereignisse vereinfacht werden. Die bisherigen Befunde zeigen, dass die Religionszugehörigkeit bzw. der Verweis auf den Islam genügen, um Ereignisse zu erklären und zu kontextualisieren (siehe Kapitel 2.3). Mit den Variablen 31 und 32 soll geprüft werden, ob es innerhalb der Berichterstattung über Musliminnen ähnliche Tendenzen gibt. Hierdurch lässt sich folgende Frage beantworten: *Werden Musliminnen durch Generalisierungen und Vereinfachungen als homogene Gruppe dargestellt?*

Sprache (Variable 33-36)

Bereits in Kapitel 5.6 wurde auf die Bedeutung von Sprache bei der Stereotypenbildung hingewiesen. Deshalb werden mit der Variable 36 imageprägende Bezeichnungen für Musliminnen erhoben. Weiterhin wird erfasst, ob und welche Arabismen vorkommen (Variable 35), denn die Verwendung von Fremdwörtern zieht Aufmerksamkeit auf sich und verstärkt die Wirkung von Fremdheit (vgl. Schiffer 2005: 138). Hierdurch lässt sich folgende Frage beantworten:

Trägt der Sprachstil zur Darstellung muslimischer Frauen als Fremdgruppe bei?

Was wird wie visualisiert (Variable 37-57)

Wie in Kapitel 4 dargelegt, kann eine hohe Visualisierung innerhalb der Berichterstattung angenommen werden. Für die Erfassung der inhaltlichen Variablen soll auch die Bildunterschrift als Verständnishilfe einbezogen werden. So muss sie bei einigen Variablen (Variable 48, 49, 52, 54, 55) berücksichtigt werden, um eine korrekte Erhebung zu gewährleisten. Wichtig sind hier außerdem Fremdzeichen und Kleidung der abgebildeten Musliminnen (Variablen 47 und 53). Mit den Variablen dieses Abschnitts lassen sich folgende Fragen beantworten: *Welche Bedeutung haben Visualisierungen und welche Motive werden wie visualisiert?*

Abbildung 1 zeigt eine Beispielkodierung eines Fotos und Abbildung 2 veranschaulicht die Operationalisierung des Konstrukts „Stereotyp".

Abb. 1: Beispielkodierung eines Fotos

Identifikatoren		
Nr.	Bezeichnung	Kode (Erklärung)
37	Fotonummer	119
38	Artikelnummer	71
Formale Variablen		
41	Kameraposition	1 (Normalsicht)
42	Einstellungsgröße	5 (Halbnahe)
44	Fläche der Abbildung	84 cm²
Inhaltliche Variablen		
47	Fremdzeichen	2 (Kopfbedeckung), 3 (Bekleidung)
52	Identifikation als Muslimin	4 (explizit erwähnt und visualisiert)
53	Kleidung	3 (Kopftuch und traditionelle Kleidung)

Strenggläubige Mosleminnen in Bradford
Den Koran zu ihrer Waffe gemacht

Quelle: Spiegel-Nr. 9/1996, S. 174

Abb. 2: Operationalisierung von Stereotyp

Theoretische Vorüberlegungen: Stereotype und Medien Was sind und was beinhalten Stereotype?				
starre Konzepte bzw. Inhalte	Generalisierungen/Vereinfachungen	ambivalentes Vorstellungssystem mit vorwiegend negativen Bewertungen	negatives und extremes Verhalten	Abgrenzung durch Darstellung als Fremdgruppe

aus den theoretischen Überlegungen wurde eine Arbeitsdefinition abgeleitet

Stereotype

= grundlegende menschliche Tendenz innerhalb der mentalen Struktur und ein kulturell geteiltes Vorstellungssystem über Eigenschaften einer Personenkategorie

analytisches Konstrukt mit indirektem empirischem Bezug, d.h. es muss durch empirisch erfassbare Indikatoren näher definiert werden

I N D I K A T O R E N (Variablen)				
Thema (V12) Rolle (V15) Akteure (V16) Handlungsniveau (V17) Kleidung (V53) Handlungsumfeld (V54) Handlungsrolle (V55) Gewalt (V56)	Anzahl (V18/48) Name (V28/65) ethnische Zugehörigkeit (V29) genaue Religionszugehörigkeit (V30) Ursachen (V31) Islam als Ursache (V32)	Eigenschaftszuschreibungen (V20) Anteile von Bewertungen (V22) Kontraste (V57)	Bewertungen (V13/21/24)	Wer bewertet (V25/26) Ausnahmeerscheinung (V27) Arabismen (V35) Bezeichnung (V36) Fremdzeichen (V47)

Offene Kategorien

Das Kodierbuch enthält offene Kategorien im Zusammenhang mit den Variablen: „Nationalität“, „Religionszugehörigkeit“, „Arabismus“, „Bezeichnung“ und „Kontrast“. Offene Kategorien sind immer dann sinnvoll, wenn wenig über den Untersuchungsgegenstand bekannt ist, denn sie bieten die Möglichkeit ein Kategoriesystem am Text selbst zu entwickeln. Da hierbei der Textinhalt in Worten wiedergegeben wird, bleibt die Information vollständig erhalten. Dadurch wird eine große Datenmenge produziert, die nachträglich kategorisiert und ausgewertet wurde (Brosius/Koschel 2003: 10).

5.5 Datenauswertung

Die statistische Auswertung der gewonnenen Daten wurde mit dem Programm *Statistical Package for the Social Sciences (SPSS)* durchgeführt. Ziel ist es, die *Spiegel*-Berichterstattung über muslimische Frauen an Hand einzelner Variablen sowie der Beziehung zwischen den Variablen zu beschreiben. Die Daten werden somit knapp charakterisiert und zusammengefasst. Damit bewegt sich die Analyse vorwiegend im Bereich der deskriptiven Statistik (vgl. Benninghaus 2002: 15). Je nach Skalenniveau wurden unterschiedliche Verfahren verwendet. Um Zusammenhänge zwischen nominal skalierten Daten aufzudecken, wurden Häufigkeiten mittels Kreuztabellen berechnet. Die Signifikanz wird hier durch den Chi-Quadrat-Test geprüft. (vgl. Backhaus et. al. 2000: 225ff). Da die Fallzahlen bei einigen Variablenausprägungen kleiner als fünf war, konnte leider in diesen Fällen kein Signifikanztest gerechnet werden. Bei metrischen Daten wurde eine einfaktorielle Varianzanalyse durchgeführt, die Mittelwerte vergleicht und homogene Gruppen berechnet. Die Mehrfachantworten wurden mittels einer Mehrebenenanalyse analysiert, die es erlaubt, nicht nur Häufigkeitsunterschiede, sondern auch deren statistische Signifikanz zu berechnen. Die Irrtumswahrscheinlichkeit wurde bei .05 festgelegt.

6 Ergebnisse

In diesem Kapitel werden die wichtigsten Ergebnisse entsprechend den Forschungsfragen bzw. Hypothesen vorgestellt. Zunächst werden jedoch erst einmal die formalen Merkmale der Artikel präsentiert, bevor anschließend die Inhalte (u.a. Themen, Handlungsrollen, Akteure, Ursachen) und deren Bewertungen vorgestellt und interpretiert werden. Schließlich werden Formalia und Inhalt der zu den Artikeln gehörigen Pressefotos ausgewertet.

6.1 Formale Präsentation

Formale Aspekte wie Anzahl der Artikel pro Jahr, journalistische Darstellungsform oder Artikelfläche können etwas über den Stellenwert eines Themas innerhalb der gesamten Berichterstattung aussagen (vgl. Ruhrmann/Meißner 2000: 22).

Anzahl der Artikel
Insgesamt kamen im Untersuchungszeitraum (1975-2005) 91 Artikel mit Bezug zu muslimischen Frauen in der *Spiegel*-Berichterstattung vor. Abbildung 3/S. 76 zeigt die Artikelhäufigkeit im Zeitverlauf. Dabei wird deutlich, dass die Hälfte der Artikel aus den Jahren 1997-2005 stammt. Das bedeutet, dass die Berichterstattung über muslimische Frauen bis Anfang der 1990er Jahre sehr gering war und nicht mit einer insgesamt gestiegenen Islamberichterstattung (vgl. Thofern 1998: 78) korrespondiert. Gleichwohl ist die Gesamttendenz steigend und erreichte 2003 mit 13 Artikeln einen Höhepunkt. Dieses Jahr ist geprägt von einem öffentlichen Diskurs über das „Kopftuchverbot“ an deutschen Schulen und im Besonderen über das Urteil des Bundesverfassungsgerichts im Fall Fereshta Ludin. *Der Spiegel* hat dazu in seiner Ausgabe vom 29. September 2003 die Titelgeschichte „Das Prinzip Kopftuch – Muslime in Deutschland“ herausgebracht. Neben diesem Thema gab es außerdem Artikel über bekannte Persönlichkeiten wie die Nobelpreisgewinnerin Shirin Ebadi und Jordaniens Königin Noor. Auch in den Jahren 2005 (12 Artikel) und 1993 (7 Artikel) ist die Berichterstattung vergleichsweise hoch. 2005 ging es hauptsächlich um Integration,

Zwangsheirat und Islamismus während 1993 die Themen „Islam in Deutschland“ und die Ereignisse in Pakistan um die Politikerin Benazir Bhutto[41] berichtet wurden. Außer in den drei „Spitzenjahren“ ist das berichtete Themenspektrum sehr heterogen. In insgesamt sechs Jahren (1976/77/79/ 85/87/88) gab es keine Artikel mit Bezug zu Musliminnen. Auffällig ist, dass in den Jahren 2001/02 die Berichterstattung mit jeweils zwei Artikeln im Vergleich mit einer allgemein gestiegenen Islam-Medienpräsenz seit dem 11. September 2001 (vgl. Rohe 2006: 13) sehr gering ist. In den Artikeln über Musliminnen, die nach den Anschlägen von New York und Washington D.C. publiziert worden sind, werden vorwiegend afghanische Flüchtlingsfrauen und palästinensische Selbstmordattentäterinnen thematisiert. Zusammenfassend lässt sich sagen, dass, von einigen Spitzenjahren abgesehen, die Berichterstattung über Musliminnen mit durchschnittlich zwei bis drei Artikeln pro Jahr sehr gering ist – wenngleich seit den 1990er Jahren eine steigende Tendenz verzeichnet werden kann. In den Jahren mit einer hohen Artikeldichte orientiert sich die Berichterstattung vor allem an aktuellen Ereignissen und ist deshalb relativ homogen.

Abb. 3: Artikelhäufigkeit pro Jahr

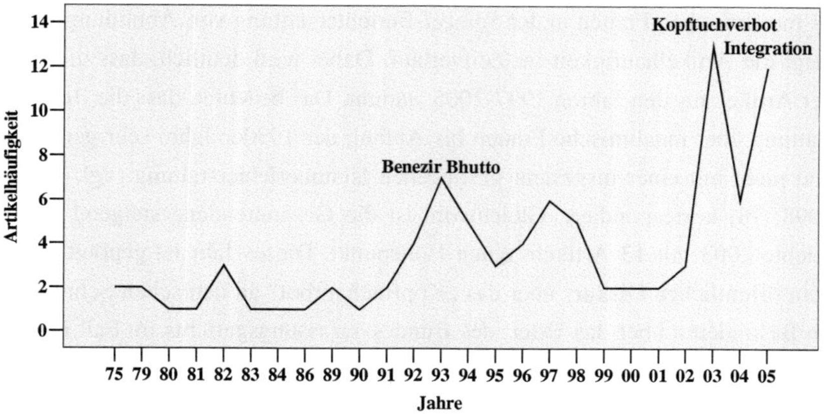

[41] Benazir Bhutto war von 1988 – 90 und von 1993 – 96 Regierungschefin Pakistans und die erste Frau an der Spitze eines muslimischen Staates (vgl. Burki 1999: 78ff).

Seitenumfang und Fläche der Artikel

Der durchschnittliche Artikelumfang in Seitenzahlen beträgt zwei Seiten. Insgesamt 70% der Artikel haben einen Seitenumfang zwischen einer und drei Seiten. Lediglich 5% der Fälle liegen darunter und 25% darüber. Bei den Artikeln mit hohen Seitenzahlen (10,5 und 9,5 Seiten) handelt es sich um die Titelgeschichten „Das Prinzip Kopftuch" (*Spiegel*-Nr. 40/2003) und „Allahs rechtlose Töchter" (*Spiegel*-Nr. 47/2004). Der Artikel mit der höchsten Seitenzahl (11 Seiten) ist ein Interview mit der früheren iranischen Kaiserin Farah Diba (*Spiegel*-Nr. 33/1982).

Die Fläche der Artikel variiert von 129cm² bis 2389cm² (vgl. Tab. 5). Im Durchschnitt hat ein Artikel eine Fläche von 680 cm². Sowohl Seitenumfang als auch Artikelfläche weisen darauf hin, dass der Berichterstattung über muslimische Frauen viel Platz eingeräumt wird und den Artikeln viel Aufmerksamkeit seitens der Redaktion geschenkt wird.

Tab. 5: Artikelumfang in cm²

Fläche der Artikel	Prozent
bis unter 200 cm²	5.5
200 - 400 cm²	23.1
401 - 600 cm²	30.8
601 - 800 cm²	13.2
801 - 1000 cm²	6.6
über 1000 cm²	20.8
Gesamt	100
N = 91	

Journalistische Darstellungsform und Zeitungsteil

Die journalistische Darstellungsform setzt Journalisten beim Verfassen ihrer Artikel formale Rahmen. Die mit großem Abstand am häufigsten vorkommende journalistische Form ist mit 70% die Spiegelstory. Dieses Ergebnis deckt sich mit einer früheren Studie über die *Spiegel*-Islamberichterstattung, die zu 72% aus Spiegelstories bestand (vgl. Thofern 1998: 50). Diese Darstellungsform ist generell umfangreicher als andere journalistische Formen und ermöglicht detaillierte Hintergrundberichte und Analysen von Ereignissen, die auch mit Graphiken und Tabellen unterlegt werden (vgl. ebd.). Aus diesen Gründen ist sie aber auch mit einem hohen Rechercheaufwand verbunden. Deshalb kann sie als Indikator für die Bedeutsamkeit eines Themas angesehen werden. Mit großem Abstand folgt als zweithäufigste Darstellungsform mit 22% das Interview.[42] Diese Zahl deutet darauf hin, dass neben Hintergrundberichten auch Wert auf Personalisierung und Prominenz[43] gelegt wird.

Die *Spiegel*-Artikel erscheinen unter festgelegten Sparten, die sich im Laufe der Jahre nur geringfügig verändert haben. Der Schwerpunkt in der *Spiegel*-Berichterstattung über Musliminnen liegt in der Auslandsberichterstattung, denn die Hälfte aller Artikel stammt aus dem Auslands-Ressort. Die Zeitungssparte „Deutschland" ist hingegen lediglich mit 20% vertreten.[44] Die übrigen Prozent teilen sich auf die Kategorien: Gesellschaft, Titelgeschichte, Kultur, Spiegelgespräche und Serie auf (vgl. Tab. 6). Dabei handelt es sich inhaltlich sowohl um Auslands- als auch Inlandsberichte. Folgende Ressorts kommen nicht vor: Wirtschaft, Sport, Wissenschaft und Technik sowie Medien.

Tab. 6: Berichterstattung nach Zeitungssparten

Zeitungssparte	Prozent
Ausland	50.5
Deutschland	19.8
Gesellschaft	11
Titelgeschichte	7.7
Kultur	6.6
Spiegelgespräche	3.3
Serie	1.1
Gesamt	100
N = 91	

Befund 1:

Die Spiegel-Berichterstattung über muslimische Frauen war bis Ende der 1990er sehr marginal. In den letzten Jahren des Untersuchungszeitraums deutet sich je-

---

[42] Erhoben wurden außerdem Agenturmeldung, Kommetar/Glosse und die Kategorie „Anderes". Bei diesen Darstellungsformen sind die Fallzahlen jedoch so gering, dass sie zusammengefasst lediglich 8% der Berichterstattung ausmachen.

[43] Die Interviews wurden hauptsächlich mit prominenten Persönlichkeiten aus Politik und Gesellschaft geführt wie beispielsweise Benazir Bhutto, Farah Diba, Shirin Ebadi oder Dschihan el-Saddat – der Ehefrau von Anwar As-Sadat.

[44] Betrachtet man das Deutschland-Ressort isoliert, so erkennt man eine tendenziell gestiegene Berichterstattung innerhalb dieser Sparte. Gab es 1982 noch gar keine Artikel aus dieser Sparte, so wurde mit 5 Artikeln aus diesem Ressort 2003 ein Höhepunkt erreicht. In diesem Jahr gab es mehr Artikel mit Bezug zu muslimischen Frauen aus dem Deutschland- als aus dem Auslandsressort. Da de Fallzahlen jedoch sehr gering sind, kann lediglich eine Tendenz angedeutet werden.

doch eine steigende Publizität und Auseinandersetzung mit Themen, die Bezug zu Musliminnen haben, an. Insgesamt kann die Berichterstattung durch das Vorkommen einiger Spitzenjahre als ereignis- und aktualitätsbezogen charakterisiert werden.

Befund 2:

Die durchschnittlich wenigen Artikel pro Jahr haben einen hohen Stellenwert. Darauf deuten die hohen Seitenzahlen und Flächenanteile der Artikel sowie die am häufigsten verwendete und aufwendige Darstellungsform der Spiegel-Story hin. Die Spartenaufteilung der Artikel zeigt, dass vor allem Musliminnen aus dem Ausland thematisiert werden und in Deutschland lebende muslimische Frauen weniger wahrgenommen werden.

6.2 Themen und Themenbewertung

Um die thematischen Schwerpunkte der Berichterstattung offen zu legen, werden nachfolgend Themen und ihre Entwicklung ausgewertet. Es waren bis zu drei Themenkodierungen pro Artikel möglich, so dass insgesamt 148 Einzelthemen in die Auswertung eingingen. Aus statistischen Gründen und der Übersichtlichkeit halber, wurden einzelne Themen zu Oberkategorien zusammengefasst. Ebenfalls werden die Themenbewertungen vorgestellt, denn es soll überprüft werden, ob der Vermittlungsanlass mehrheitlich negativ ist. Bewertungen werden außerdem als Meta-Aussagen verstanden und haben eine starke meinungsbildende Funktion (vgl. Meißner/Ruhrmann 2000: 51).

Themen und Themenentwicklung

Das am häufigsten vorkommende Thema ist mit 27% „Politik“, welches sich aus mehreren Einzelkategorien, die in Tabelle 7/S. 82 dargestellt sind, zusammensetzt. Die zweithäufigste Themenkategorie ist mit 26% „Recht“ gefolgt von der Kategorie „Islam allgemein“ (19%) und „Integration“ (14%).

Entsprechend den redaktionellen Kernkompetenzen (siehe Kapitel 5.2) und den theoretischen Vorüberlegungen sind politische Themen auch innerhalb der *Spiegel*-Berichterstattung über muslimische Frauen ein thematischer Schwerpunkt. Gleichwohl wird fast ebenso häufig über Themen der Kategorie „Recht“ berichtet, was vor allem den Diskursen über Frauenrechte in islamischen Ländern und über das „Kopftuchverbot“ geschuldet ist. Das Thema Kultur spielt nur eine marginale Rolle. Themen aus dem Wirtschaftsbereich – der zweiten Kernkompetenz – kamen einmal vor und wurden auf Grund der niedrigen Fallzahl zur Kategorie „Andere“ gezählt.

Betrachtet man die Verteilung der vier häufigsten Themen im Zeitverlauf, so wird deutlich, dass politische Inhalte seit den 1980er Jahren einen hohen bzw. steigenden Stellenwert innerhalb der *Spiegel*-Berichterstattung über Musliminnen haben. Das Thema „Recht“ hat – abgesehen von einer Ausnahme (1986-90) – von Beginn des Untersuchungszeitraumes an seinen Platz in der journalistischen Informationsvermittlung über muslimische Frauen. Demgegenüber betreten Musliminnen erst seit den frühen 1990ern die massenmediale Bühne, wenn es um allgemeine Inhalte zum Thema „Islam“ geht. Auch das Thema Integration ist zumindest in größerem Umfang recht neu. Bis auf wenige Ausnahmen hat es erst in den letzten fünf Jahren an Publizität gewonnen (vgl. Abb. 4).

Abb. 4: Themenentwicklung im Zeitverlauf von 1975 – 2005

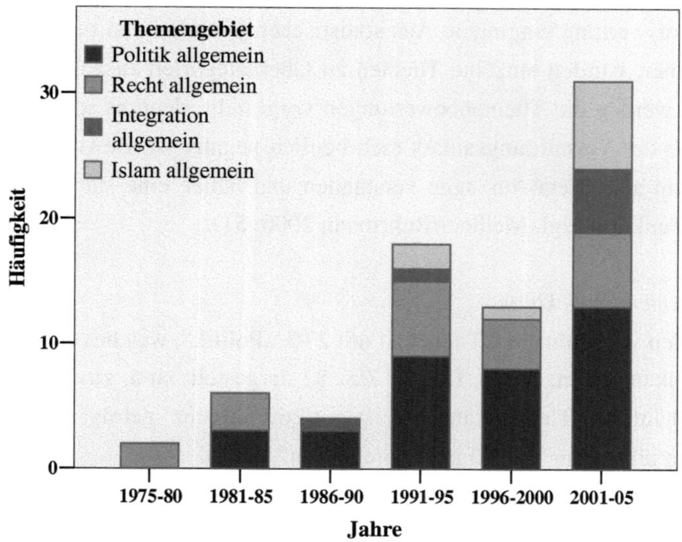

Themenbewertung

Die Themenbewertungen sind zur Hälfte ausschließlich negativ und zu einem Viertel eher negativ als positiv. Drei Viertel aller Bewertungstendenzen sind somit vorwiegend negativ. Lediglich 6% der Bewertungen sind ausschließlich positiv und 5% beides, aber mit überwiegender positiver Tendenz (vgl. Tab. 7/S. 82).

In der Oberkategorie „Politik" sind insgesamt 80% der Bewertungen negativ. Ähnlich hoch sind die Werte in den Bereichen „Recht", „Islam allgemein" und „Integration". Mittels einfaktorieller Varianzanalyse wurden drei Gruppen ermittelt, deren Mittelwerte sich signifikant voneinander unterscheiden. Die größte Gruppe besteht aus den Themenkategorien: Politik, Recht, Islam allgemein und Integration (Tab. 7 grau unterlegt). Die Kategorie „Kultur" und „Andere" bilden jeweils eine eigene Gruppe. Die Mittelwerte der Gruppe „Politik, Recht, Islam allgemein, Integration" unterscheiden sich nicht signifikant voneinander und liegen alle im Bereich zwischen 4 und 5. Wobei 5 für die Ausprägung „negativ" und 4 für „beides, aber vorwiegend negativ" steht. Die Themenvariable hat signifikante Auswirkungen ($F = 9{,}2$; $df = 5$; $p < 0{,}001$) auf die Variable „Bewertung", wobei die Bewertungsrichtung negativ ist. In der Kategorie „Andere" ist die Tendenz überwiegend neutral und beim Thema „Kultur" mit einem Mittelwert von 2,36 tendenziell positiv.

Tab. 7: Themenhäufigkeit, Themenbewertung und Mittelwertsvergleiche

Themen	Häufigkeit	Bewertung (in%)[45] Positiv	Negativ	Mittelwerte[46]
Politik allgemein	21			
Zuwanderungs- und Minderheitenpolitik	10			
Sicherheitspolitik/politischer Islam	7			
Militärische Aktionen	2			
Politik	**40 (27%)**	**7 (2)**	**80 (48)**	**4.18 [a]**
Recht allgemein	11			
Gesetzgebung und Gesetzesänderung	5			
Straftaten, Ermittlung und Verfahren	8			
Menschenrechtsverletzungen	14			
Recht	**38 (26%)**	**3 (0)**	**82 (71)**	**4.50 [a]**
Islam (allgemein)	**27 (19%)**	**8 (4)**	**77 (44)**	**4.11 [a]**
Erfolgreiche Integration	6			
Integrationsprobleme	15			
Integration	**21 (14%)**	**5 (5)**	**76 (57)**	**4.24 [a]**
Kultur	11 (8%)	46 (46)	27 (0)	2.36 [b]
Andere	9 (7)	33 (0)	33 (1)	3.11 [c]
Gesamt	**148**	**11 (6)**	**73 (49)**	**4.04**

Hinweis Mehrfachkodierungen: pro Artikel waren jeweils bis zu drei Themenkodierungen möglich (N = 148)
Hinweis Kennzahlen: Mittelwerte mit unterschiedlichen Kennwerten unterscheiden sich signifikant (Signifikanzniveau 5%) nach Duncan-Post-Hoc-Test
$F = 9.2$; $df = 5$; $p < 0,001$; $Eta^2 = .23$ (23% erklärte Varianz)

Themenhäufigkeiten in der In- und Auslandsberichterstattung

In der nach Auslands- und Inlandsberichterstattung getrennten Themenverteilung zeigen sich signifikante Unterschied (vgl. Tab. 8/S. 83). Artikel mit überwiegendem Bezug zum Ausland machen 64% der Berichterstattung aus, während sich 35% ausschließlich mit inländischen Thematiken befassen. Innerhalb der Inlandsberichterstattung sind Artikel mit rechtlichen Thematiken und über Integration häufig (hier vor allem Integrationsprobleme mit 22%). An dritter und vierter Stelle stehen die Themengebiete „Islam allgemein“ und „Politik“, wäh-

[45] Es wurden die Bewertungen „positiv“ sowie „beides, aber vorwiegend positiv“ zu einer Kategorie zusammengefasst. Gleiches gilt für die Spalte der negativen Bewertungen. Die Zahl in Klammern gibt die ausschließlich positive oder negative Bewertung an.
[46] Kodiert wurde wie folgt: 1 = positiv; 2 = beides, aber vorwiegend positiv; 3 = neutral; 4 = beides, aber vorwiegend negativ; 5 = negativ.

rend kulturelle Inhalte selten sind. In der Auslandsberichterstattung liegt der Schwerpunkt eindeutig auf politischen Inhalten. Aber auch „Recht“ und „Islam allgemein“ sind wie bei der Inlandsberichterstattung viel beachtete Inhalte.

Tab. 8: Themengebiete in der Auslands- und Inlandsberichterstattung

	Themengebiete (%)						
	Politik	Recht	Integration	Kultur	Islam allg.	Anderes	Gesamt
Inlandsberichterstattung	19	28	27	5	21	0	100
Auslandsberichterstattung	34	21	4	12	16	13	100

Hinweis Mehrfachkodierung: es waren bis zu drei Themenkodierungen pro Artikel möglich (N=148)
$Chi^2 = 40,7$; $df = 5$; $p < 0,001$

Befund 3:
Politische Inhalte sind in der Spiegel-Berichterstattung über Musliminnen am häufigsten vertreten. Fast im selben Ausmaß wird aber auch über Themen aus der Kategorie „Recht“ berichtet. Beides sind Themenbereiche, über die im Zeitverlauf am kontinuierlichsten berichtet wurde. In der In- und Auslandsberichterstattung gibt es unterschiedliche Themenschwerpunkte. Während im Inland in Bezug auf muslimische Frauen am meisten über rechtliche Themen und Integrationsprobleme berichtet wird, sind es in der Auslandsberichterstattung politische Themen allgemein.
Befund 4:
Die Bewertung der Themen „Politik“, „Recht“, „Islam allgemein“ und „Integration“ ist mehrheitlich negativ. Es werden nur wenig positive Inhalte berichtet. Diese stammen hauptsächlich aus dem kulturellen Bereich.
Hypothese 1.1, die besagt, dass über muslimische Frauen vorwiegend im Kontext negativer politischer Inhalte berichtet wird, kann somit bestätigt werden. Gleichzeitig muss aber auch darauf hingewiesen werden, dass die Themen „Recht“, „Islam allgemein“ und „Integration“ auch häufig in der Berichterstattung vorkommen und eine ebenso negative Bewertung aufweisen.

6.3 Handlungsrollen muslimischer Frauen

In diesem Kapitel werden die Handlungsrollen vorgestellt, in denen Musliminnen in der *Spiegel*-Berichterstattung vorkommen. Dabei wird auch auf das

Handlungsniveau und die Themenbewertung innerhalb der verschiedenen Rollen eingegangen. Mehr als ein Viertel der Handlungsrollen, in denen muslimische Frauen präsentiert werden, sind Opferrollen. Dabei sind sie zu jeweils 31% Opfer von familiärer Gewalt oder Opfer allgemein, d.h. ohne weitere Spezialisierung. 18% der Opferrollen sind durch staatliche Handlungen, 8% durch militärische Aktionen und 10% durch Zu- und Abwanderungsprozesse verursacht. Nach der Opferrolle wird sie am häufigsten als Trägerin einer politischen Rolle (19%) sowie als moderne Frau (19%) präsentiert, während die Rolle als Exotin (8%) einen geringen Stellenwert einnimmt. Die Auswertung der Inhaltsanalyse bestätig aber auch, was sich schon bei der Fragebogenauswertung andeutete: Musliminnen bekommen häufig eine Rolle innerhalb der Familie zugewiesen. Diese Kategorie nimmt mit 13% den vierten Platz ein. Abbildung 5 zeigt die Häufigkeitsverteilung der zu Oberkategorien zusammengefassten Handlungsrollen muslimischer Frauen.

Abb. 5: Handlungsrollen muslimischer Frauen

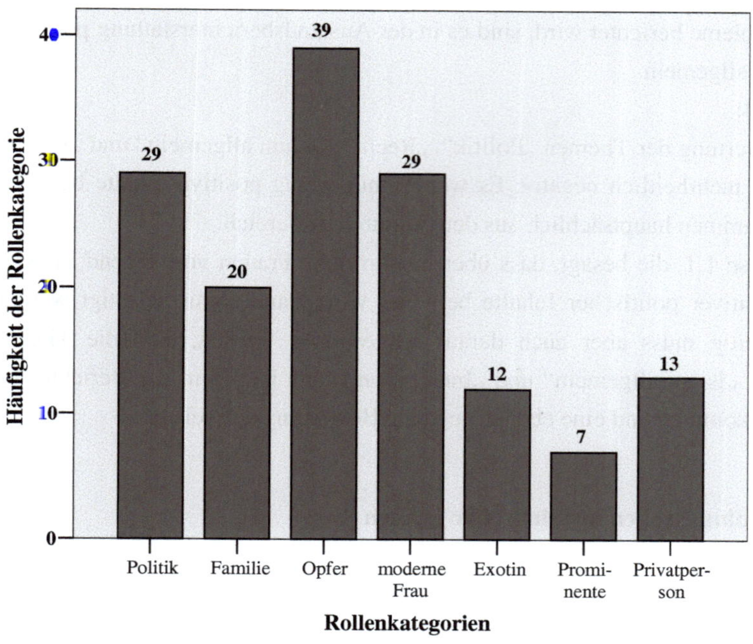

Muslimische Frauen treten in der *Spiegel*-Berichterstattung hauptsächlich in vier Handlungsrollen auf. Sie sind Opfer und moderne Frauen oder nehmen Handlungsrollen innerhalb der Politik[47] und Familie ein (vgl.Tab. 9/S: 86)

Die Opferrolle

Wird über muslimische Frauen als Opfer berichtet, dann sind die Themen annähernd zur Hälfte aus dem Bereich „Recht" und hier vor allem aus den Kategorien „Menschenrechte/Menschenrechtsverletzungen" und „Straftaten, Ermittlung und Verfahren". Ein Fünftel sind politische Themen mit dem Schwerpunkt Zuwanderungs- und Minderheitenpolitik und jeweils 14% gehören in die Bereiche „Islam allgemein" und „Integration". Dabei handelt es sich ausschließlich um Integrationsprobleme. Die Bewertung der Themen innerhalb der Opferrolle ist zu 91% eher negativ, während ausschließlich positive Wertungen nicht vorkommen. Auffällig ist außerdem, dass das Handlungsniveau mit 54% bei der Opferrolle mehrheitlich passiv ist.

Die moderne Frau

Die moderne Muslimin kommt zu 17% im Bereich Kultur und Bildung und zu 30% in der Kategorie „Berufstätige allgemein" vor. Alle anderen wurden allgemein als „moderne Frau" präsentiert. Das am häufigsten berichtete Thema ist hier der Islam allgemein. Die Bewertung ist zwar zu 60% eher negativ, aber hat auch ein Viertel positiver Wertungen. Im Gegensatz zur Opferrolle sind die dargestellten Musliminnen hier nur zu 10% passiv. 86% nehmen eine aktive Handlungsrolle ein.

Politische Handlungsrolle

Entgegen der Annahme, dass die Rolle der Extremistin oft vertreten sein wird, wurden nur 10% der politischen Handlungsrollen an extremistische Aktivistinnen vergeben. Mit 38% wurden am häufigsten politische Rollen allgemein und mit jeweils 14% Staatsvertreterin, Vertreterin einer legalen Opposition und friedliche politische Aktivistin genannt. Die mit Abstand am häufigsten kodierte

---

[47] Die Kategorien „Politik" und „moderne Frau" schließen sich theoretisch nicht aus. Es wurde jedoch in den Kodiererläuterungen explizit darauf hingewiesen, dass die Rolle der modernen Frau keine politische Kategorie beinhaltet.

Themenkategorie ist zu 61% Politik. Die Bewertung der Themen ist zwar mehrheitlich, aber nicht ausschließlich negativ (62%). Ein Viertel der Themen enthielt keine Bewertung und 14% eher positive. Das Handlungsniveau, der innerhalb dieser Rolle agierenden Musliminnen ist mit 93% fast ausschließlich aktiv.

Rolle innerhalb der Familie

Musliminnen werden in 10% der Berichterstattung als Ehefrau und jeweils in 15% als Mutter oder Schwester dargestellt. Die restlichen 60% bleiben unspezifisch. Das Thema „Recht allgemein" hat hier mit 35% den größten Stellenwert, gefolgt von „Integration allgemein" und „Politik allgemein" (jeweils 20%). Die Bewertungen sind zu zwei Dritteln eher negativ und das Handlungsniveau mit 60% überwiegend aktiv.

Tab. 9: Themen, Bewertungen und Handlungsniveaus der vier häufigsten Handlungsrollen

Handlungsrolle	Themengebiet in (%) häufigsten drei	Bewertung der Themen[48] in (%) Positiv	Negativ	Handlungsniveau in (%)[49] Aktiv	Passiv
Opfer	Recht (46) Politik (20) Islam/Integr. (14)	6 (0)	91 (80)	35	54
Moderne Frau	Islam (33) Kultur (17) Pol./Recht (17)	24(14)	59 (31)	86	10
Innerhalb von Politik	Politik (61) Islam (14) Recht (11)	14 (7)	62 (21)	93	7
Innerhalb der Familie	Recht (35) Integration (20) Politik (20)	25(15)	75 (60)	60	20

Hinweis: Der Mittelwertsvergleich der Themenbewertung innerhalb der Handlungsrollen ergab keine signifikanten Unterschiede
Hinweis Mehrfachkodierung: pro Artikel waren bis zu drei Rollenkodeirungen möglich (N = 149)

48 Es wurden die Bewertungen „positiv" sowie „beides, aber vorwiegend positiv" zu einer Kategorie zusammengefasst. Gleiches gilt für die Spalte der negativen Bewertungen. Die Zahl in Klammern gibt die ausschließlich positive oder negative Bewertung an.

49 Abweichungen von 100 Prozent kommen dadurch zu Stande, dass die Kategorie „beides" nicht mit aufgeführt wird.

Da bei der Kodierung der Handlungsrollen bis zu drei Nennungen möglich waren, können die einzelnen Rollen auch miteinander verknüpft sein. So ist beispielsweise die Opferrolle häufig mit einer Rolle innerhalb der Familie verbunden, denn fast ein Drittel aller Opferrollen gehen auf familiäre Gewalt zurück. Auffällig ist, dass das Handlungsniveau – abgesehen von der Opferrolle – mehrheitlich aktiv ist. Dies steht bisherigen Befunden über die Ausländerberichterstattung entgegen (vgl. Meißner/Ruhrmann 2000: 52), erklärt sich jedoch daher, dass Handlungsrollen innerhalb politischer Kontexte und als moderne Frau oft vertreten sind und diese naturgemäß ein hohes Aktivitätsniveau aufweisen. Auf die mediale Bühne gelangt man, wenn man beispielsweise politisch oder kulturell tätig ist. Entsprechend der Definition von Opfer (vgl. A2, S. 140) ist das Aktivitätsniveau innerhalb der Opferrolle gering. In der Gesamtbetrachtung ist die Muslimin in der *Spiegel*-Berichterstattung aber mit 66% eher aktiv. Sie wird somit nicht vorwiegend als Objekt der Berichterstattung betrachtet, sondern nimmt vor allem durch eine Politik- und Elitenzentrierung (siehe Kapitel 2.3) eine eher aktive Rolle ein. Ein Beispiel hierfür ist die vergleichsweise intensive Berichterstattung über Benazir Bhutto. Auf den Themenschwerpunkt „Politik" und auf die Opferrolle deutet auch das Vorkommen der weiteren Akteure hin. Denn mit 36% sind Vertreter aus Politik die häufigste Gruppe weiterer Akteure gefolgt von Familienangehörigen (16%) (vgl. Tab. A 6, S. 154).

Entwicklung der Handlungsrollen im Zeitverlauf

Schaut man sich die Handlungsrollen im Zeitverlauf an, so kann man feststellen, dass die Muslima innerhalb einer politischen Handlungsrolle durchgängig vorkam, allerdings mit steigender Tendenz seit Beginn der 1990er. Gleiches trifft auf die Opferrolle zu, während die Rollen „moderne Frau" und „Familie" nicht konstant anzutreffen sind (vgl. Abb. 6/S.88)

Befund 5:
Innerhalb der Spiegel-Berichterstattung kommen muslimische Frauen am häufigsten als Opfer, als moderne Frauen oder in Handlungsrollen innerhalb von Politik und Familie vor. Während die Opferrolle am häufigsten vertreten ist, sind Musliminnen als Exotinnen oder Extremistinnen selten.

Befund 6:

Die einzelnen Rollen unterscheiden sich bis auf die Opferrolle nicht wesentlich voneinander. Die Opferrolle unterscheidet sich von den anderen, da die Themenbewertung hier fast vollständig negativ ist. Weiterhin ist das Handlungsniveau hier mehrheitlich passiv.

Hypothese 1.2 kann bestätigt werden: muslimische Frauen nehmen innerhalb der Berichterstattung überwiegend eine Opferrolle ein. Als Exotin kommen sie kaum vor. Entgegen der Befunde zur medialen Darstellungen muslimischer Frauen ist in der *Spiegel*-Berichterstattung aber auch die Rolle der Extremistin sehr selten. Hypothese 1.3 muss deshalb als widerlegt betrachtet werden.

Abb. 6: Entwicklung der Handlungsrollen im Zeitverlauf von 1975 – 2005

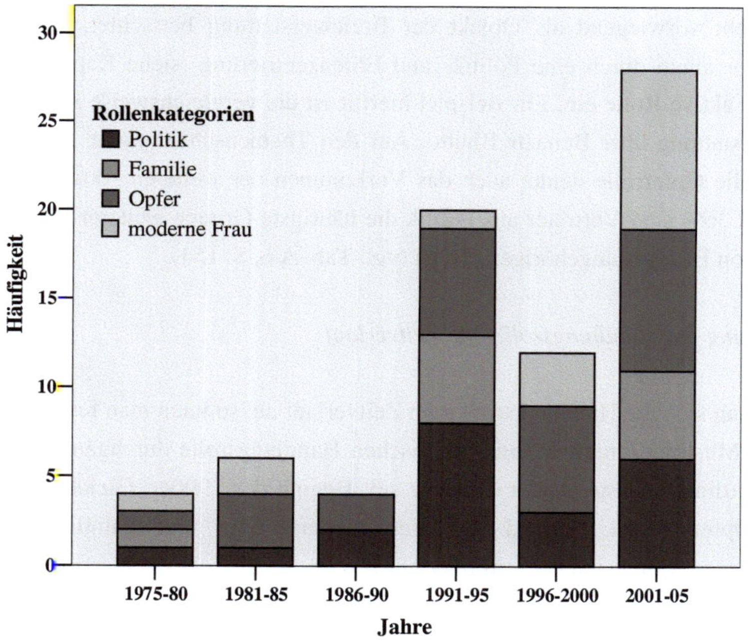

6.4 Attribute und deren Bewertung

Da Attribute und deren Bewertungen ein wichtiger Indikator für stereotype Darstellungsweisen sind, werden die entsprechenden Daten im folgenden Kapitel ausgewertet und diskutiert. Zuerst werden die genannten Nationalitäten bzw. Ethnien analysiert, um Aussagen darüber machen zu können, über welche Nationalitäten in welchem Umfang berichtet wird.

Nationalitäten und Ethnien

In nahezu allen Artikeln (95%), in denen muslimische Frauen vorkamen, wurde deren Nationalität oder Ethnie explizit oder implizit genannt. Mit großem Abstand kommen mit 23% am häufigsten Türkinnen in den analysierten Artikeln vor – gefolgt von Iranerinnen (10%) und Pakistanerinnen (9%). Dies erklärt sich daraus, dass Türken und Türkinnen zur zahlenmäßig größten Ausländer- und Migrantengruppe in Deutschland (vgl. Statistisches Bundesamt 1996) gehören und somit vor allem innerhalb der Inlandsberichterstattung beim Thema „Ausländer/Islam in Deutschland" häufig vorkommen. In den Befunden zur Berichterstattung zu Musliminnen war bereits von den typischen Rollen der „Kopftuchtürkin" und „modernen Türkin" als Klassifikation muslimischer Frauen die Rede (vgl. Farrokhzad 2006: 73). So verwundert es nicht, dass Türkinnen in der Hälfte aller Artikel der Inlandsberichterstattung vorkommen, während in der Auslandsberichterstattung vor allem über Iranerinnen und Pakistanerinnen berichtet wird. Insgesamt stehen deutsche Musliminnen an vierter Stelle der Nationalitäten-Rangfolge. Im Vergleich mit dem Vorkommen anderer Nationalitäten erscheint diese Position hoch, betrachtet man jedoch die geringe Fallzahl (8) im Zeitverlauf von über 30 Jahren, so wurde bisher selten über deutsche Musliminnen berichtet. Abgesehen von den gerade erwähnten vier Nationalitäten, kamen Ägypterinnen, Marokkanerinnen, Afghaninnen, Kurdinnen, Algerierinnen und Bengalinnen mehr als zwei Mal vor. Ein Blick auf Abbildung 7/S. 90 verdeutlicht, dass das Spektrum an Nationalitäten, die mehr als einmal genannt wurden recht eingeschränkt ist.

Abb. 7: Rangreihe der Nationalitäten und Ethnien (mehr als eine Nennung)

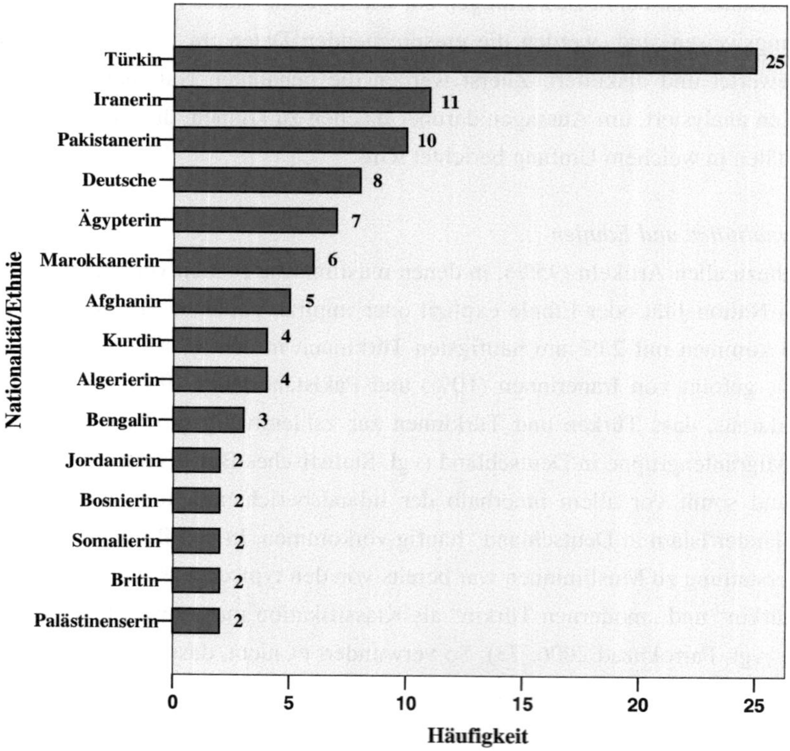

Attribute und deren Bewertung

Attribute, welche die muslimische Frauen näher beschreiben, stammen am häufigsten aus den Kategorien: „moderne Frau“ (23%), „Opfer“ (16%), „Männergesellschaft“ (16%), „Bekleidung“ (15%) und „Religion/Tradition“ (14%). Diese Verteilungen entsprechen den Kategorien der Handlungsrollen nur tendenziell. Zum einen ist die am häufigsten vorkommende Handlungsrolle die Opferrolle, die hier an zweiter Stelle steht. Obwohl Musliminnen nur an zweiter Stelle als moderne Frauen dargestellt werden, stammen die meisten Attribute, mit denen sie näher beschrieben werden, aus dieser Kategorie. Andererseits werden muslimische Frauen kaum durch Eigenschaften aus dem Bereich „Familie“ beschrieben, obwohl sie relativ häufig eine Handlungsrolle innerhalb der Familie einnehmen. Diese unterschiedlichen Ergebnisse sind verschiedenen Umständen geschuldet. Beispielsweise wurde bei der Erhebung der Handlungsrollen in „moderne Frau" und „Rolle innerhalb der Politik" unterschieden. Dieser Unterschied ist bei den Kategorien der Eigenschaftszuschreibungen weggefallen, so dass die Attribute der Kategorie „moderne Frau" sowohl Politikerinnen als auch Frauen in anderen Bereichen des öffentlichen Lebens beschreiben kann.

Der Unterschied zwischen der häufig vorkommenden Handlungsrolle innerhalb der Familie und der sehr wenigen Eigenschaftsbeschreibungen aus dieser Kategorie erklärt sich aus der Tatsache, dass eine Rolle innerhalb der Familie häufig mit einer Opferrolle einhergeht und meist nicht das Alltagsleben beispielsweise einer muslimischen Mutter thematisiert wird. Die Attribute der Kategorie „Familie" stammen aber eben genau aus diesem Bereich und so gibt es hier einen großen Unterschied zwischen den Rollen- und Eigenschaftskategorien.

Die Eigenschaften muslimischer Frauen innerhalb der Berichterstattung sind zur Hälfte negativ und zu jeweils ca. einem Viertel positiv und neutral. Somit überwiegt hier ebenso wie bei der Themenbewertung die Negativität. Eine Varianzanalyse zeigt, dass sich die Mittelwerte nicht zufällig unterscheiden, sondern dass ein Zusammenhang zwischen dem Faktor „Kategorie der Eigenschaftszuschreibung" und der abhängigen Variable „Bewertung der Eigenschaftszuschreibungen" besteht ($F = 15{,}1$; $df = 9$; $p < 0{,}001$). Es wurden zwei homogene Gruppen ermittelt. Eine Gruppe weist negative und die andere Gruppe positive Bewertungstendenzen auf. Die Eigenschaften aus den Kategorien „moderne Frau" und „Orientalin" sind eher positiv besetzt (vgl. Tab. 10/S.92: grau unterlegt), während alle anderen Kategorien mit eher negativen Eigenschaftswertungen korrelieren.

Sieht man sich die Bewertungen im Einzelnen an, ergibt sich folgendes Bild: entsprechend einer hohen Negativität, sind 39% der Bewertungsanteile ausschließlich negativ, während 23% ausschließlich positiv sind. Sowohl positive als auch negative Wertungen sind in 38% der Artikel vorhanden. Das kann einerseits daran liegen, dass *Spiegel*-Artikel umfangreich sind und konträre Positionen und Handlungsrollen thematisieren, die dann unterschiedliche Bewertungen zur Folge haben können. Andererseits ist es ein Merkmal stereotyper Inhalte, dass verschiedene – auch ambivalente – Eigenschaften berichtet werden.

Tab. 10: Häufigkeiten, Bewertung und Mittelwerte der Eigenschaftszuschreibungen

Kategorie der Eigenschafts-zuschreibung	Häufigkeit	Bewertung in (%) Positiv	Neutral	Negativ	Mittelwerte[50]
Moderne Frau	39	71	25	4	0.67 [a]
Männergesellschaft	27	0	10	90	- 0.89 [b]
Opfer	26	0	14	86	- 0.86 [b]
Bekleidung	25	29	21	50	- 0.21 [b]
Religion/Tradition	23	6	31	63	- 0.56 [b]
Fanatismus	7	20	0	80	- 0.6 [b]
Orientalin	7	100	0	0	1 [a]
Migration	7	20	0	80	- 0.6 [b]
Familie	2	0	0	100	- 1 [b]
Andere	4	0	67	33	- 0.33 [b]
Gesamt	167	26	25	49	- 0.32 [b]

Hinweis Mehrfachkodierung: pro Artikel waren jeweils bis zu drei Kodierungen von Eigenschaftszuschreibungen möglich (N = 167)
Hinweis Kennzahlen: Mittelwerte mit unterschiedlichen Kennwerten unterscheiden sich signifikant (Signifikanzniveau 5%) nach Duncan-Post-Hoc-Test
$F = 15{,}1$; $df = 9$; $p < 0{,}001$; $Eta^2 = .57$ (57% erklärte Varianz)

Zusammenfassend lässt sich sagen, dass *Der Spiegel* durch den Gebrauch negativ oder positiv konnotierter Attribute eine wertende Position einnimmt und sich in den meisten Fällen von einer neutralen Berichterstattung entfernt. Dieser Befund kann auch auf die am häufigsten verwendete Darstellungsform der Spiegelstory zurückgeführt werden, denn sie enthält per Definition informative, unterhaltsame und meinungsbildende bzw. wertende Elemente (vgl. Thofern 1998: 32).

Befund 7:

Die Attribute, mit denen muslimische Frauen näher beschrieben werden, sind zur Hälfte negativ, wobei die Kategorie der meisten Eigenschaftszuschreibungen – „moderne Frau“ – überwiegend positive Bewertungen enthält. In der Gesamtbetrachtung ist Negativität bei den Eigenschaftsbeschreibungen jedoch dominierend.

---

[50] Es wurde wie folgt kodiert: positiv = 1; neutral = 0; negativ = -1.

Hypothese 2.1, die besagt, dass auf Musliminnen Bezug nehmenden Attribute mit Ausnahmen überwiegend negativ sind, kann bestätigt werden. Negative Bewertungen kamen zur Hälfte und positive zu einem Viertel vor.

6.5 Präsentation als Fremdgruppe

In diesem Kapitel werden die Ergebnisse vorgestellt, die sich auf die Präsentation muslimischer Frauen als Fremdgruppe beziehen. Wichtige Faktoren sind wertende Akteure, Vereinfachungen und die sprachliche Gestaltung.

Verhaltensbewertung und Bewertende

Das Be- und Abwerten des Verhaltens Anderer ist ein Abgrenzungsprozess, mit dessen Hilfe sich der Wertende als besser als die bewertete Person präsentiert. Normative Aussagen bezüglich des Verhaltens muslimischer Frauen wurden in ca. der Hälfte aller analysierten Artikel getroffen. Das Verhalten muslimischer Frauen wird meist negativ (60%) und nur selten positiv (14%) bewertet. Bewertende Akteure sind der Autor des Artikels (38%), Staatsvertreter (21%), Vertreter aus Wissenschaft, Bildung und Kultur (15) sowie Familienangehörige (11%). Die Mehrzahl dieser Akteure sind Nicht-Muslime[51] (49%). 42% der Wertungen werden von Muslimen und zwar vor allem von Männern getroffen. Das hängt u.a. damit zusammen, dass besonders bei der häufig berichteten Ehrenmord-Thematik männliche Familienmitglieder zitiert wurden. Die Bewertungsrichtung ist insgesamt negativ, wobei es tendenzielle Unterschiede zwischen den einzelnen bewertenden Akteuren auf Grund von Geschlecht und Religionszugehörigkeit gibt. Die Ergebnisse (vgl. Tab. 11/S. 94) sind jedoch nicht signifikant. Tendenziell am schlechtesten wird das Verhalten von Musliminnen von männlichen Muslimen und Nicht-Musliminnen bewertet.

---

[51] Die bewertenden Akteure wurden durch ihren Namen als Muslim(in) oder Nicht-Muslim(in) identifiziert. Der Name gibt nicht mit absoluter Sicherheit Auskunft über Religionszugehörigkeit, islamische Namen sind jedoch meist charakteristisch (vgl. Fußnote 32, S. 64). Deshalb sind die hier vorgestellten Ergebnisse als Tendenzen aufzufassen, die keinen Absolutheitsanspruch haben.

Tab. 11: Mittelwerte der Verhaltensbewertung nach bewertenden Akteur

Verhaltensbewertende Akteure	Prozent	Mittelwert	Standardabweichung
Muslimin(nen)	12	-0.33	1.16
Nicht-Muslim(e)	30	-0.78	0.67
Nicht-Muslim(innen)	26	-0.75	0.71
Nicht-Muslim(e)	23	-0.43	0.97
Nicht angebbar	10		
Gesamt	**100**	**-0.64**	**0.78**
F = 37; df = 4; p > 0,05 n.s. (N = 31)			

Befund 10:

Das Verhalten muslimischer Frauen wird innerhalb der Spiegel-Berichterstattung hauptsächlich negativ und gleichermaßen von Nicht-Musliminnen und Muslimen bewertet.

Hypothese 2.2a kann dahingehend bestätigt werden, dass die Bewertungen des Verhaltens muslimischer Frauen mehrheitlich negativ sind. Aber sie werden sowohl von Muslimen als auch von Nicht-Musliminnen bewertet.

Vereinfachung und Generalisierung

Grobe Vereinfachungen und generelle Aussagen gehören zu den Kennzeichen einer stereotypen Berichterstattung (vgl. Kapitel 3.2). Deshalb wird in diesem Abschnitt untersucht, ob individuelle Merkmale wie Name und Nationalität bzw. Ethnie genannt werden oder ob muslimische Frauen in der Berichterstattung eher anonym bleiben. Dazu gehört auch, ob außer der Zugehörigkeit zum Islam die genauere Religionszugehörigkeit genannt wird[52] und Ursachen von Ereignissen thematisiert werden.

Entsprechend dem Stil des Nachrichtenmagazins, ist die Berichterstattung personenorientiert. Ereignisse werden oft an Hand persönlicher Schicksale verdeutlicht, und Persönlichkeiten werden zu politischen Entwicklungen befragt. Deshalb werden auch in über 90% der Artikel die Namen der vorkommenden Musliminnen genannt und es wird in fast allen Artikeln (95%) die Nationalität bzw. ethnische Zugehörigkeit deutlich. Auffällig ist, dass nur in drei von 91 Artikeln eine genauere Angabe zur Religionszugehörigkeit gemacht wurde. Dabei han-

[52] Im Islam gibt es zwei große Bekenntnisse – die Sunniten und die Schiiten, welche sich ihrerseits in zahlreiche Untergruppen untergliedern (vgl. Kreiser/Wielandt 1992).

delt es sich einmal um die Informationen, dass die betreffende Muslimin Yesidin[53] ist und zweimal wird angegeben, sie sei Sunnitin[54]. Dieses Ergebnis bestätigt frühere Befunde, wonach der Islam in den Massenmedien als ein monolithischer Block wahrgenommen und präsentiert wird (vgl. Hafez 2002b: 301). Ein weiteres wichtiges Ergebnis ist, dass kaum Ursachen zu berichteten Ereignissen thematisiert wurden. Nur in 20% der Fälle wurde auf mögliche Ursachen eines Geschehens eingegangen und dann fast immer auf den Islam bzw. die Traditionsverbundenheit der islamischen Gesellschaften referiert (90%). Deutlich wird eine Zweiteilung der Ergebnisse. Fast immer werden Name und Nationalität genannt, während kaum Informationen zur Religionszugehörigkeit gemacht werden. Ursachen werden selten thematisiert und wenn, dann vereinfacht. Im Hinblick auf den Artikelumfang überrascht dieses Ergebnis sehr. Denn obwohl den Artikeln insgesamt viel Platz eingeräumt wird, beinhalten sie wenige Hintergrundinformationen, die zu einem differenzierten Bild über Musliminnen notwendig wären.

Befund 11:
Die Berichterstattung über muslimische Frauen ist personenbezogen, so dass vorkommende Musliminnen nicht anonym bleiben. Andererseits gehen die Berichte nicht wesentlich darüber hinaus. So bleiben Hintergrundinformationen zur genauen Religionszugehörigkeit ausgespart und Ursachen von Ereignissen werden nur oberflächlich thematisiert.
Hypothese 2.2b kann teilweise bestätigt werden. Die Berichterstattung ist nicht generalisierend im Sinne von anonym. Aber sie ist wenig hintergründig in Bezug auf genauere Religionszugehörigkeit und Ursachenthematisierung.

Sprache

Der folgende Abschnitt widmet sich den sprachlichen Merkmalen der *Spiegel*-Berichterstattung über muslimische Frauen. Hier wird zunächst dargestellt, ob

[53] Der Status der yesidischen Gemeinde ist umstritten. In der Literatur wird sie einerseits als Sondergruppe im Islam bezeichnet und andererseits als eigene Religionsgemeinschaft. Ihre Hauptsiedlungsgebiete sind Irak, Syrien, Türkei, Armenien und Georgien. In Deutschland leben ca. 40 000 Yesiden (vgl. Schmucker 2005: 725ff).

[54] Drei Viertel der muslimischen Weltbevölkerung gehört dem orthodoxen Sunnitentum an. Damit ist es die bedeutendste Gruppierung im Islam (vgl. Heine 2003: 113f).

und in welchem Umfang Musliminnen in den analysierten Artikeln selbst zu Wort kommen. Anschließend werden die vorkommenden Arabismen vorgestellt. Die Auswertung der Arabismen und Bezeichnungen für Musliminnen erfolgt qualitativ.

„Zu-Wort-Kommen" der Musliminnen

In 80% aller Artikel kommen Musliminnen selbst zu Wort. Sie sind also nur in 20% der Fälle ein Objekt der Berichterstattung, wobei sie in jeweils 30% der Artikel in mittleren und großem Umfang zu Wort kommen und in 40% nur in geringem Ausmaß. Innerhalb der verschiedenen Handlungsrollen zeigen sich beim Mittelwertsvergleich signifikante Unterschiede im Umfang des Zu-Wort-Kommens (vgl. Tab. 12/S. 97). Am wenigsten kommen Musliminnen als Privatpersonen in der Berichterstattung zu Wort und am häufigsten als Prominente. In der Mitte dieser beiden befindet sich die Exotin. Die vier häufigsten Akteursrollen (vgl. Tab. 12: fett gedruckt) liegen dazwischen, wobei es entsprechende Unterschiede gibt. Nehmen Musliminnen die Opferrolle oder eine Rolle innerhalb der Familie ein, dann kommen sie weniger zu Wort als wenn sie eine politische Rolle einnehmen oder als „moderne Frau" dargestellt werden. Diese Ergebnisse liegen in der Natur der jeweiligen Handlungsrollen begründet. Beispielsweise haben Inhaberinnen einer politischen Rolle, die größere Möglichkeit mit einem Interview in der *Spiegel*-Berichterstattung zu erscheinen als es Opfer eines Verbrechens haben. Gleichwohl muss darauf hingewiesen werden, dass zumindest bei den vier häufigsten Handlungsrollen eine Tendenz zur Mitte[55] im Umfang des Zu-Wort-Kommens nicht ausgeschlossen werden kann. So wurden mittels Post-Hoc-Test zwar drei Gruppen berechnet, diese unterschieden sich jedoch nicht in jedem Fall signifikant und die einzelnen Paare schließen sich nicht exklusiv aus

---

[55] Es handelt sich um eine Antworttendenz, die unabhängig vom Item-Inhalt ist und bei der eine differenzierte Urteilsabgabe vermieden wird. Deshalb wird häufig die mittlere Kategorie gewählt (vgl. Bortz/Döring 1995: 215f).

Tab. 12: Umfang des Zu-Wort-Kommens innerhalb der Handlungsrollen

Handlungsrolle	Umfang des Zu-Wort-Kommens (in%)			Mittelwert[56]
	gering	mittel	viel	
Privatperson	90	0	10	1.2 [a]
Familie	50	43	7	1.57 [a, b]
Opfer	54	32	14	1.61 [a, b]
Exotin	27	46	27	2 [b, c]
Moderne Frau	33	30	27	2.04 [b, c]
Politik	28	28	44	2.13 [b, c]
Prominente	0	43	57	2.57 [c]
Hinweis: pro Artikel waren jeweils bis zu drei Kodierungen von Handlungsrollen möglich (N = 149) Hinweis Kennzahlen: Mittelwerte mit unterschiedlichen Kennwerten unterscheiden sich signifikant (Signifikanzniveau 5%) nach Duncan-Post-Hoc-Test F = 3.86; df = 6; p < 0,05; Eta² = .18 (18% erklärte Varianz)				

Da die Quantität des „Zu-Wort-Kommens" nichts über die Qualität der gemachten Äußerungen aussagt, wurde außerdem der Umfang des „Zu-Wort-Kommens" mit den Eigenschafts- und Verhaltensbewertungen verglichen. Dabei ist der Trend zu erkennen ist, dass Eigenschaften und Verhalten muslimischer Frauen vor allem in Artikeln, in denen sie in geringem Maße zu Wort kommen, negativer bewertet werden, als wenn sie viel zu Wort kommen (vgl. Tab. A5, S. 154). Außerdem zeigt Tabelle 13, dass es zumindest bei den Eigenschaftsbewertungen einen signifikanten Unterschied gibt, je nachdem, ob Musliminnen in den Artikeln zu Wort kamen oder nicht.

Tab. 13: Mittelwertsvergleiche der Bewertungen in Bezug auf das Zu-Wort-Kommen

Kommen Musliminnen zu Wort	**Mittelwert** [57] (Eigenschaftsbewertung)	**Mittelwert** (Verhaltensbewertung)
ja	-0.08	-0.54
nein	-0.59	-1
	F = 4.73; df = 1; p < 0.05 (N = 66)	F = 1.4; df = 1; n.s. (N =31)

---

[56] Es handelt sich um eine Antworttendenz, die unabhängig vom Item-Inhalt ist und bei der eine differenzierte Urteilsabgabe vermieden wird. Deshalb wird häufig die mittlere Kategorie gewählt (vgl. Brtz/Döring 1995: 215f).

[57] Die Bewertungen wurden jeweils wie folgt kodiert: positiv = 1; neutral = 0 und negativ = -1.

Arabismen

Um die sprachliche Gestaltung der Artikel zu untersuchen, wurden vorkommende Arabismen erhoben. Diese unterteilen sich in Lehn- und Fremdwörter. Erstere sind in Aussprache, Schrift und Flexion an die deutsche Sprache angepasst und stehen im Wörterbuch, während Letztere nicht angepasst sind und noch Spuren ihrer fremden Herkunft aufweisen (vgl. Tazi 1998: 11f). Vor allem die Verwendung von Fremdwörtern, aber auch von Lehnwörtern in einem sonst gewöhnlichen deutschen Sprachumfeld verstärkt den Fremdheitscharakter und trägt so zur Markierung von vorkommenden Personen als Fremde bei.

Die Verwendung von Arabismen in der *Spiegel*-Berichterstattung über muslimische Frauen scheint eine verbreitete Praxis zu sein, denn in 82% aller untersuchten Artikel kamen sie vor. Häufiger als Fremdwörter sind hierbei Lehnwörter in den Artikeln zu finden. Allein *Koran* und *Allah* kommen in 34 bzw. 25 von 91 Artikeln vor.[58] Insgesamt stammen die meisten Lehnwörter aus einem religiösen Kontext (vgl. Abb. 8, S. 99). So bezeichnen beispielsweise die Wörter *Scheich* (Einmalnennung), *Marabu* (Einmalnennung), *Ajatollah, Hodscha* und *Mullah* islamische Würdenträger. *Moschee* und *Minarett* referieren auf den kultischen Bereich, während *Fatwa* und *Scharia* auf das islamische Recht Bezug nehmen. Ausnahmen sind: *Kasba* (Einmalnennung), *Kaftan, Kalif* (Einmalnennung), *Sultan* (Einmalnennung) und *Harem* (Einmalnennung), die keinen religiösen Bezug aufweisen. Schiffer (2005: 112) hat bereits auf den metaphorischen Gebrauch von Lexemen aus dem religiösen Bereich, die für den Islam als Ganzes stehen, hingewiesen.

Das am häufigsten vorkommende Lehnwort *Koran* bezeichnet die heilige Schrift des Islam, welche die Offenbarungen des Propheten Mohammads enthält (vgl. Kreiser/Wielandt 2001: 159-162) und damit steht es in der Wahrnehmung vieler stellvertretend für die islamischen Regeln und Glaubensgrundsätze. Das Wort *Allah* wird als eine Kontraktion von al-ilæh (= der Gott) erklärt (vgl. ders.: 24) und ist somit nicht als ein Eigenname eines islamischen Gottes zu verstehen. Dennoch scheint es eine beliebte Praxis innerhalb der *Spiegel*-Berichterstattung zu sein, das arabische Wort *Allah* beizubehalten. Dadurch wird die Andersartig-

---

[58] Die Übersetzungen der einzelnen Lexeme findet man im Anhang (Tab. A3, S. 152).

keit und Verschiedenheit zwischen dem Gott des Christentums und des Islams unterstrichen, die so nicht gegeben ist (vgl. Bobzin 2001: 61). Das Wort *Allah* kommt in den Artikeln nicht nur als eigenständiges Signalwort vor, sondern auch in Wortverbindungen wie „Al-hamdulillah", „Inschallah", „Ya Allah" und „Allahoakbar".[59]

Abb. 8: Rangreihe der Arabismen (mehr als eine Nennung)

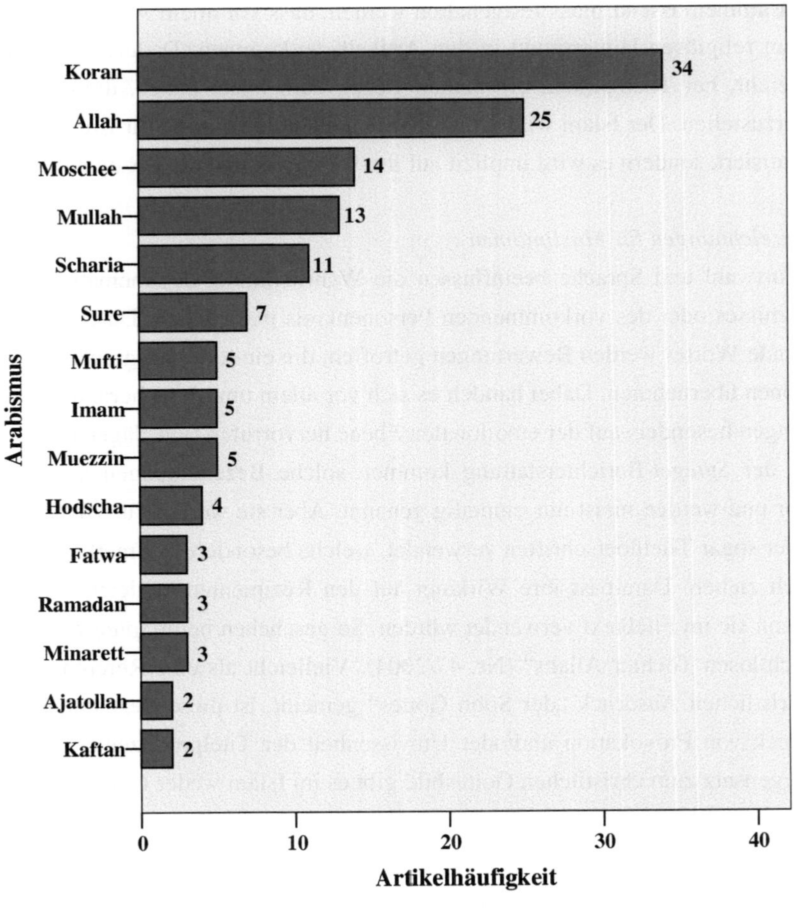

[59] Eine Liste mit allen Fremdwörtern sowie Wortgruppen und deren Übersetzung befindet sich im Anhang (Tab. A4, S. 153).

Die meisten Fremdwörter und arabischen Formeln bzw. Wortgruppen kommen im Gegensatz zu den Lehnwörtern nur selten in den Artikeln vor. Bis auf wenige Ausnahmen sind sie einmalig. Zu den Ausnahmen gehört das Wort „Mudschahedin", welches man in fünf Artikeln antrifft. Außerdem treten Fremdwörter aus der Kategorie „Bekleidung" mehr als einmal auf, so beispielsweise Hidschab (5 Nennungen), Burka (6 Nennungen) und Tschador[60] (5 Nennungen). Bei den meisten Fremdwörtern und besonders bei einzelnen Wortverbindungen wurde auf eine Übersetzung im Artikeltext verzichtet.

Zusammenfassend muss festgehalten werden, dass vor allem Arabismen mit einem religiösen Hintergrund in den Artikeln vorkommen. Dadurch entsteht die Gefahr, bei Thematiken, die keinen Bezug zum Islam haben, diesen indirekt herzustellen. Der Islam wird somit nicht explizit als Ursache für Ereignisse thematisiert, sondern es wird implizit auf ihn verwiesen und ein Bezug hergestellt.

Bezeichnungen für Musliminnen

Wortwahl und Sprache beeinflussen die Wahrnehmung des thematisierten Ereignisses oder des vorkommenden Personenkreis maßgeblich. Durch imageprägende Wörter werden Bewertungen getroffen, die ein- oder ausgrenzende Funktionen übernehmen. Dabei handelt es sich vor allem um Metaphern, die Vorstellungen besonders auf der emotionalen Ebene hervorrufen (vgl. Jäger 1993b: 24). In der *Spiegel*-Berichterstattung kommen solche Bezeichnungen nicht häufig vor und werden meist nur einmalig genannt. Aber sie werden für Überschriften oder sogar Titelüberschriften verwendet, welche besondere Aufmerksamkeit auf sich ziehen. Damit ist ihre Wirkung auf den Rezipienten ungleich größer, als wenn sie im Fließtext verwendet würden. So geschehen beim *Spiegel*-Titel „Die rechtlosen Töchter Allahs" (Nr. 47/2004). Vielleicht als eine Referenz auf den christlichen Ausdruck „der Sohn Gottes" gemeint, ist diese Bezeichnung Ausdruck von Provokation und/oder Unwissenheit der Titelproduzenten. Denn im Gegensatz zum christlichen Gottesbild gibt es im Islam weder Gottes Sohn noch Gottes Tochter.[61]

---

[60] Der Tschador ist kein Wort arabischen Ursprungs, sondern stammt aus dem persischen. Es wird hier der Vollständigkeit halber mit aufgeführt.

[61] Im Koran, Sure 112, 3 heißt es: *„[...]Er hat weder gezeugt, noch ist er gezeugt worden [...]"* (vgl. Paret 2004).

Die Bezeichnungen (vgl. Tab. 14) lassen sich in verschiedene Kategorien einordnen, die bisher bei Handlungsrollen und Eigenschaftskategorien schon vorgekommen sind. In der ersten Kategorie befinden sich ausschließlich Begriffe mit religiösem Bezug, während im zweiten Abschnitt vor allem die Bekleidung imaginiert wird. Die Jahreszahlen zeigen, dass sich den Bezeichnungen dieser beiden Kategorien schon seit längerem bedient wird. Dagegen sind die Begriffe des letzten Abschnitts, die vor allem die Opferrolle muslimischer Frauen vergegenwärtigen, jüngeren Datums. Während Musliminnen durch die Bezeichnungen der ersten beiden Kategorien auf ihren Glauben und das Kopftuch reduziert werden, werden sie im letzten Abschnitt kollektiv zu Opfern degradiert.

Tab. 14: Bezeichnungen für muslimische Frauen

Bezeichnung für muslimische Frauen innerhalb der *Spiegel*-Berichterstattung
Mohammed-Jüngerinnen (1993) Mohammeds-Schwestern (1993) Fromme Schwestern (1997) Frauen Allahs (2000) Töchter Allahs/Allahs rechtlose Töchter (2004) Mohammeds deutsche Töchter (2004) Kopftuchträgerinnen (2003) Vermummte Schülerinnen (1997) Hidschab-Teenies (1997) Verlorene Töchter (2004) Importbräute (2005)

Befund 12:
Musliminnen haben in der Mehrheit der Artikel die Möglichkeit, sich zu äußern und sind somit nicht bloß passives Objekt der Berichterstattung. Kommen sie selbst in großem Umfang zu Wort, dann wirkt sich das auf die Verhaltens- und Eigenschaftsbewertungen muslimischer Frauen positiv aus.

Befund 13:
In der Berichterstattung kommen auffallend viele Arabismen – besonders aus dem religiösen Bereich vor – die eine mögliche wahrgenommene kulturelle Fremdheit unterstreichen und einen nicht unbedingt vorhandenen islamischen

Kontext vermitteln. Verallgemeinernde Bezeichnungen werden selten, aber auffallend platziert. Sie imaginieren Religions-, Bekleidungs- und Opferbilder. Hypothese 2.2c kann bestätigt werden. Die analysierten Artikel enthalten eine Fülle von Arabismen und wenige, aber abwertende Bezeichnungen für muslimische Frauen, die sie als Fremdgruppe markieren.

6.6 Präsentation als Ausnahme

In diesem Kapitel geht es um die Frage, ob die Berichterstattung zur Stabilisierung von Stereotypen beiträgt. Insgesamt überwiegen negative Themen und die Bewertung der Eigenschaften und des Verhaltens von Musliminnen ist überwiegend negativ. Die Kategorie „muslimische Frau“ ist somit ganz allgemein negativ gerahmt. Die Frage ist, wie zu dieser Kategorie konträre Informationen präsentiert werden.

Die Ergebnisse zeigen, dass in 40% der Artikel die betreffende Muslimin als eine Ausnahme[62] präsentiert wird. Schaut man nun im Vergleich die Bewertungen der Eigenschaftszuschreibungen und des Verhaltens an, ist ein signifikanter Unterschied zwischen der Präsentation muslimsicher Frauen als Ausnahme und der Präsentation als Normalfall zu sehen.

Tabelle 15/S. 103 zeigt die Mittelwertsunterschiede der Präsentationsform in Bezug auf die Bewertung von Eigenschaftszuschreibungen und Verhalten muslimischer Frauen.

---

[62] Ausnahmen beziehen sich in diesem Fall nicht auf eine Muslimin als Ausnahme innerhalb der nicht-muslimischen deutschen Mehrheitsgesellschaft, sondern auf die Ausnahme im Vergleich mit anderen Musliminnen.

Tab. 15: Präsentationsformen und Bewertungen muslimischer Frauen

Präsentationsform	Mittelwert[63] (Eigenschaftsbewertung)	Mittelwert (Verhaltensbewertung)
Ausnahme	0.32	-0.09
Normalfall	-0.48	-0.90
Gesamt (N = 91)	-0.21	-0.61
	$F = 15.73$; $df = 1$; $p < 0.001$ Eta² = .21 (21% erklärte Varianz)	$F = 9.16$; $df = 1$; $p < 0.05$ Eta² = .52 (52% erklärte Varianz

Die Ergebnisse zeigen, dass es Unterschiede in der Bewertung muslimischer Frauen gibt, je nachdem ob sie als Ausnahme präsentiert werden oder nicht. Werden sie als eine solche dargestellt, dann ist die Bewertungstendenz ihrer Eigenschaften positiv. Das Verhalten wird eher neutral bewertet. Wenn Musliminnen als Ausnahme vom bisher bekannten Prototyp der Kategorie „muslimische Frau" präsentiert werden, dann werden sie tendenziell positiver bei der Präsentation als Normalfall bewertet. Die Informationen stimmen nicht mit den Kategorieinformationen überein und gelten als Ausnahme davon. Indem positivere Vorstellungen über Musliminnen als Ausnahme präsentiert werden, werden negative Vorstellungen stabilisiert. Denn die negativen Bewertungen gelten als Normalfall, während das Positive als Ausnahme davon berichtet wird.

Auch im Vergleich mit den vier am häufigsten vorkommenden Handlungsrollen zeigt sich, dass positiver bewertete Rollen wie die moderne Frau (vgl. Tab. 10, S. 92) in mehr Fällen als eine Ausnahmeerscheinung präsentiert werden als die anderen Handlungsrollen. Tabelle 16/S. 104 verdeutlicht, dass die Muslimin als Opfer und innerhalb einer Familienrolle in den meisten Artikeln als Normalfall gezeigt wird.

Hypothese 2.3 kann dahingehend bestätigt werden, dass die *Spiegel*-Berichterstattung vor allem die negativen Vorstellungen über Musliminnen stabilisiert, indem positive Rollen und Bewertungen als Ausnahme präsentiert werden.

[63] Die Bewertungen wurden jeweils wie folgt kodiert: positiv = 1; neutral = 0 und negativ = -1.

Tab. 16: Präsentationsformen der vier häufigsten Handlungsrollen

Präsentationsform	Handlungsrolle (in%)			
	Opfer	Familie	Politik	moderne Frau
Ausnahme	24	27	47	70
Normalfall	76	73	53	30
Gesamt (N = 91)	100	100	100	100
$Chi^2 = 10.3$; $df = 3$; $p < 0.05$				

Befund 14:
Musliminnen, die als Ausnahme präsentiert werden, werden positiver bewertet als jene, die als Normalfall dargestellt werden. Dadurch werden negative Vorstellungen über muslimische Frauen stabilisiert.

6.7 Auswertung der Pressefotographien

In diesem Kapitel werden die in den Artikeln vorkommenden Pressefotografien ausgewertet. Dazu werden zu Beginn die formale Präsentation der Visualisierungen und anschließend die inhaltlichen Kategorien betrachtet, um die Hypothesen 3.1 bis 3.4 zu untersuchen. Insgesamt wurden 324 Fotos kodiert.

Formale Präsentation
Innerhalb der Untersuchungseinheit gibt es keinen Artikel ohne begleitendes Foto. Dieses Ergebnis weist auf die große Bedeutung von Visualisierungen innerhalb der *Spiegel*-Berichterstattung hin. In drei Viertel aller untersuchten Artikel kommen 1 bis 4 Fotos vor. Die höchste Anzahl sind 15 Fotos in insgesamt drei Artikeln. Im Durchschnitt kommen 3.5 Fotos pro Artikel vor. Abbildung 9/S. 106 veranschaulicht den hohen Visualisierungsgrad.
Die Mehrheit der Fotos (ca. 60%) sind Szenenbilder auf denen bestimmte Szenen von Ereignissen zu sehen sind. Fotos von Orten, Gebäuden oder Gegenständen kommen selten vor, wohingegen in 35% der Fälle Personen porträtiert werden. Die meisten Visualisierungen sind in der oberen Hälfte der Zeitungsseite abgedruckt (40%), während sich jeweils 30% in der Mitte oder auf der unteren Seite befinden. Da viele Fotos in der Nähe der Überschrift abgedruckt sind, fungieren sie als „Eyecatcher“ und ziehen Aufmerksamkeit auf sich.

Die verwendete Kameraposition ist in fast allen Bildern die Normalsicht (84%), durch welche die Natürlichkeit von Fotografien und ihrer Entstehungssituation unterstrichen wird (vgl. Kapitel 4.2). Bei der Einstellungsgröße dominieren Amerikanische, Nahe, Totale und Halbtotale. Damit werden Personen überwiegend vom Knie bzw. Oberkörper aufwärts oder aber eher von der Ferne bildraumfüllend fotografiert. Dass hier die Extreme Panorama und Großaufnahme kaum vorkommen, unterstreicht ebenfalls die scheinbare Natürlichkeit der Aufnahmesituation. Dazu trägt außerdem auch die Rahmung der Fotografien bei, die in 73% offen ist und somit Anschnitte enthält, die einer natürlichen Wahrnehmungssituation ähneln. Die Fläche der Fotos variiert von 16 bis 500 cm² und ist mit einem Mittelwert von 100 cm² durchschnittlich sehr groß.
Zusammenfassend lässt sich feststellen, dass vor allem Personen (93%) in einer Art und Weise fotografiert werden, die unserer natürlichen Wahrnehmungssituation ähnelt und somit scheinbar Realität vermitteln. Visualisierungen nehmen auf Grund ihrer Anzahl und Größe eine wichtige Rolle innerhalb der Berichterstattung ein, so dass Hypothese 3.1 bestätigt werden kann.

Befund 15:
Visualität hat eine herausragende Bedeutung innerhalb der Berichterstattung, wobei die scheinbare Natürlichkeit der Aufnahmesituation ein charakteristisches Merkmal der formalen Gestaltung der Fotographien ist.

Abb. 9: Anzahl der Fotos pro Artikel

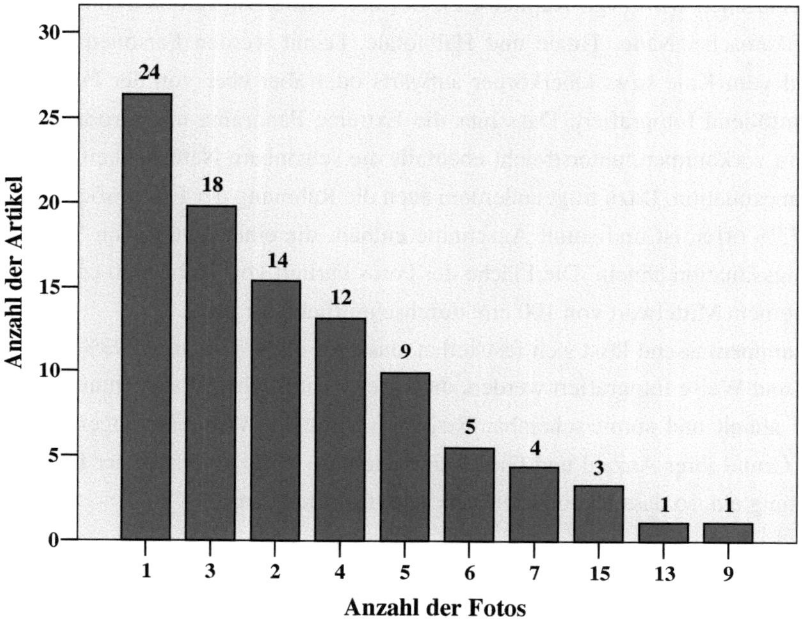

Kontextualisierung

Ohne die Einordnung der Fotos in einen Kontext, sind die Visualisierungen mehrdeutig. Per Definition muss ein Zusammenhang zwischen Text und Pressefoto bestehen – es muss themenbezogen sein (vgl. Beifuß et. al 1994: 46). Von welcher Art dieser Zusammenhang ist, wird in diesem Abschnitt diskutiert.

Es fällt auf, dass am häufigsten eine Person oder eine unüberschaubare Masse an Personen abgebildet ist (vgl. Tab. 17/S. 107). Bei den abgebildeten Musliminnen ergibt sich ein anderes Bild, denn im Vergleich mit den abgebildeten Personen allgemein sind in 36,7% der Fotos keine Musliminnen zu sehen. Mit anderen Worten heißt das, dass in mehr als einem Drittel der Fälle keine Muslimin(nen) auf den zu den Artikeln gehörigen Fotos visualisiert ist/sind. Das liegt einerseits daran, dass der Visualisierungsgrad insgesamt sehr hoch ist und dass nicht auf jedem Foto Musliminnen vorkommen.

Tab. 17: Anzahl der abgebildeten Personen und Musiminnen

Anzahl (in%)	keine	eine	zwei	drei	vier	"Massen"
abgebildete Person(en)	6.5	**33**	16	10	4	**19**
abgebildete Muslimin(nen)	**37**	35.1	9	4.9	1	7.4
N = 324						

Die Zahlen deuten andererseits auf eine Polarisierung zwischen personalisiertem und anonymem Stil hin. Darauf verweist auch die Auswertung der Variable „Namentliche Nennung der abgebildeten Personen". Denn in ca. der Hälfte der relevanten Fotos bleiben die abgebildeten Personen namenlos, während der Name in der anderen Hälfte sowohl in der Bildunterschrift als auch im Artikel genannt wird. Die häufige Nichtnennung der Namen zeigt eine Trennung von Bildsituation und Textinhalt (vgl. Tab. 18), die dadurch bekräftigt wird, dass in 80% der analysierten Fotos kein im Artikel thematisiertes Ereignis abgebildet ist.

Tab. 18: Namentliche Nennung der abgebildeten Personen

Namentliche Nennung der abgebildeten Personen	in Prozent
im Artikel	2
in der Bildunterschrift	3
in Artikel und Bildunterschrift	45
Keine namentliche Nennung	45
Gesamt (N = 324)	100

Das der Bildinhalt mehrheitlich kein im Text thematisiertes Ereignis abbildet, kann natürlich auch damit zusammenhängen, dass einerseits ein Drittel aller Fotos Porträts sind und andererseits die *Spiegel*-Berichterstattung nicht dieselbe Aktualität wie die Tagespresse hat und auch nachbereitend recherchiert und publiziert, so dass durch die Vielzahl an Fotos auch Inhalte zu Hintergrundinformationen etc. abgebildet werden.

Dennoch deuten die Zahlen darauf hin, dass häufig Fotos zu einem Text montiert werden, die das berichtete Ereignis nur scheinbar thematisieren. Die vermittelte Realität des Pressefotos wäre dann eine konstruierte. Die Auswertung der Variable „Identifikation als Muslimin" unterstreicht die Tendenz zur Dekontextualisierung, denn die Identifikation erfolgte in zwei Dritteln der Fälle implizit. Entweder wurde es in der Bildunterschrift oder dem Artikel implizit erwähnt und/oder visualisiert. Damit kann ein Informationsverlust einhergehen, der es nicht erlaubt, das Gesehene richtig in einen sozialen, politischen oder kulturellen Kontext einzuordnen. Das vermittelte Wissen ist implizit und vage. Das bietet Möglichkeiten zur Spekulation auf Seiten der Rezipienten.

Zum dargestellten Kontext der Bildinhalte gehören auch das Handlungsumfeld,[64] in dem sich die abgebildeten Personen zum Zeitpunkt der Aufnahme bewegten, und die Handlungsrolle (vgl. Tab. 19). Das Handlungsumfeld ist oft nicht zu identifizieren. In allen anderen Fällen handelt es sich hauptsächlich um ein familiäres, politisches oder berufliches Umfeld. Ein religiöses Handlungsumfeld ist selten. Familie, Politik und Beruf stehen auch an den ersten drei Stellen, bei der Auswertung der Handlungsrollen, die Musliminnen in den Abbildungen einnehmen. Hinzu kommt an vierter Stelle die Opferrolle. Der Unterschied zwischen den Handlungsrollen im Text und im Bild ergibt sich wohl daraus, dass Ereignisse, bei denen Musliminnen zu Opfern werden, keine medialen Inszenierungen und somit nicht ankündbar oder vorhersagbar sind. Es handelt sicht somit meist um eine Berichterstattung von vergangenen Ereignissen. Deshalb sind auch nur in wenigen Fällen (9%) Spuren von oder gar eine Szene physischer Gewalt im Foto selbst sichtbar.

Tab. 19: Abgebildetes Handlungsumfeld und -rolle

Handlungsumfeld	**in Prozent**	**Handlungsrolle in**	**in Prozent**
Familiäres Umfeld	24.2	Familie	25.4
Religiöses Umfeld	2.6	Religion	1.8
Politisches Umfeld	18	Opfer	23.2
Berufliches Umfeld	17.5	Politik	15.6
Kein Umfeld erkennbar	26.8	Beruf	23.6
Anderes	10.8	Andere	10.4
Gesamt	100	Gesamt	100

Befund 16:

Es deutet sich die Tendenz an, dass zwischen Aufnahmesituation und Textinhalt nicht immer ein zwingender Zusammenhang besteht, in dem Sinn, dass ein im

[64] Wie auch bei allen anderen Variablen galt hier bei der Kodierung, dass die Informationen aus der Bildunterschrift mitgenutzt werden durften.

Text geschildertes Ereignis abgebildet wird oder die abgebildeten Personen bekannt sind.

Fremdzeichen

Fremdzeichen dienen ebenso wie sprachliche Bilder zur Ab- und Ausgrenzung von Fremdgruppen. Mit ihrer Hilfe wird jemand auf den ersten Blick als fremd markiert und identifiziert. In der Hälfte aller kodierten Fotos kamen folgende Fremdzeichen vor:

Tab. 20: Vorkommen von Fremdzeichen

Vorkommen von Fremdzeichen	in Prozent
Kopfbedeckung	47.8
Bekleidung/Äußeres	30.1
Symbole	12.4
Architektonische Merkmale	7.7
Anderes	1.9
Gesamt (N = 209)	100
Hinweis Mehrfachkodierung: es waren bis zu drei Kodierungen pro Artikel möglich	

Knapp die Hälfte aller Fremdzeichen sind Kopfbedeckungen, aber auch andere Bekleidungsmerkmale und Äußerlichkeiten kommen häufig als Fremdzeichen vor. Dagegen sind architektonische Merkmale und Symbole nur in geringem Umfang visualisiert. Damit ist es vor allem die Bekleidung, die jemanden als Fremden – als Muslim oder Muslimin – identifiziert.

Es zeigt sich, dass Kopfbedeckungen als Fremdzeichen vor allem in der Öffentlichkeit auftreten (56%). Ebenso kommt die Kategorie „Bekleidung/ Äußerlichkeiten" zu 42% hauptsächlich in der Öffentlichkeit vor, während architektonische Merkmale vorwiegend in Wohnhäusern bzw. privaten Einrichtungen (43%) und Gottes- und Gebetshäusern (29%) als Fremdzeichen zu finden sind. Symbolische Fremdzeichen sind hingegen ebenso wie die islamischen Bekleidungsgewohnheiten mehrheitlich Teil öffentlicher Einrichtungen (57%).

Sieht man sich die Bekleidung der abgebildeten Musliminnen genauer an, so muss festgestellt werden, dass fast die Hälfte davon kein Kopftuch bei der Aufnahme trug, während die andere Hälfte der fotografierten Frauen in der ein oder anderen Form islamisch gekleidet war. Dabei handelte es sich meist, um traditi-

onelle (22%) oder moderne (15%) Kleidung mit Kopftuch. Frauen im Ganzkörperschleier waren lediglich in 12% der Fotos zu sehen (vgl. Tab A7, S. 154).
Die Analyse der dargestellten visuellen Kontraste innerhalb der Berichterstattung deutet ebenso mehrheitlich auf Gegensätze innerhalb des Bekleidungsbereichs. Insgesamt ist die Darstellung von Kontrasten jedoch eher gering, denn lediglich in 28 Fällen[65] (10%) konnten explizite visuelle Gegensätzlichkeiten ausgemacht werden. Das sind vor allem die Gegensätze „verschleiert - unverschleiert" und „modisch westlich – traditionell islamisch gekleidet". Die Abbildungen 10, 11 und 12 auf den folgenden Seiten zeigen ein Beispiel für die Visualisierung dieses Kontrasts, wobei Abbildung 10 den Gegensatz innerhalb eines Fotos verdeutlicht und die Abbildungen 11 und 12 innerhalb eines Artikels. Weiterhin wurden verschiedene Regionen bzw. Kulturkreise visuell kontrastiert. So beispielsweise „Großbritannien – Pakistan", „Israel – Palästina" und „Deutschland – Anatolien", die alle auf den scheinbaren Gegensatz zwischen der westlichen und islamischen Kultur hindeuten. Ein weiterer mehrmals aufgetretener Kontrast war jener zwischen Mann und Frau bzw. Öffentlichkeit und Privatem. Die Welt lässt sich so einteilen in eine westlich moderne und islamisch traditionelle und je nachdem welche Welt bevorzugt wird, sind Musliminnen unverschleiert oder verschleiert. Hypothese 3.2 kann bestätigt werden: das Kopftuch ist das am häufigsten gezeigte Fremdzeichen. Hypothese 3.3 kann nicht bestätigt werden, denn es werden nur selten Kontraste visualisiert.

Befund 17:
Das Kopftuch ist das am häufigsten visualisierte Fremdzeichen. In der Gesamtbetrachtung nehmen aber auch unverschleierte Musliminnen einen wichtigen Stellenwert ein. Visuelle Kontraste sind selten und beziehen sich hauptsächlich auf das Tragen und Nicht-Tragen von Kopftüchern bzw. islamischer Kleidung.

---

[65] Die Analyseeinheit für visuelle Kontraste konnte sowohl ein Foto als auch die Gesamtheit der Fotos eines Artikels sein.

Abb. 10: Visualisierung des Kontrasts Verschleiert – Unverschleiert (A)

Schwestern Esma, Fatma:
Leiser Aufstand gegen die Alten

Quelle: Spiegel-Nr. 47/2004; S. 79

Abb. 11: Visualisierung des Kontrasts Verschleiert – Unverschleiert (B)

Junge Afghaninnen im Frauenpark: ein paar Stunden in engen Jeans und ohne Schleier

Quelle: Spiegel-Nr. 21/2004; S. 126

Abb. 12: Visualisierung des Kontrasts Verschleiert – Unverschleiert (B)

Verhüllte Frauen in Kandahar: „Bewährte Tradition“

Quelle: Spiegel-Nr. 21/2004; S. 127

Bekleidung, Rollen und Bewertung

Im folgenden Abschnitt soll untersucht werden, ob es Zusammenhänge zwischen der gezeigten Kleidung und Rollen oder Bewertungen gibt. Dabei muss bedacht werden, dass der Text und das Foto nicht zwangsweise zusammengehören bzw. dasselbe Ereignis thematisieren. Die Bewertungen wurden jedoch ausschließlich über den Text kodiert. Die hier vorgestellten Ergebnisse dürfen deshalb nur mit Vorsicht interpretiert werden.

Tabelle 21/S. 113 macht deutlich, dass die abgebildeten Musliminnen in fast allen Rollen ca. zur Hälfte kein Kopftuch tragen. Das entspricht den generellen Befunden zur Bekleidung. Eine Ausnahme ist die Muslimin in einer religiösen Handlungsrolle. Verwunderlich ist die hohe Prozentzahl von Musliminnen in der Opferrolle, die kein Kopftuch tragen. Denn laut Befunden entspräche die Opferrolle dem Bild der Kopftuchträgerin (vgl. Kapitel 2.2). Es lässt sich die Tendenz erkennen, dass je weniger Musliminnen abgebildet sind, umso häufiger sind sie ohne Kopftuch dargestellt. Das könnte mit der Personalisierung zusammenhängen. Es kommen häufig Portraits prominenter Musliminnen aus dem politischen oder kulturellen Bereich vor. Oft sind diese Persönlichkeiten des öffentlichen Lebens nach westlichen Kleidungsgewohnheiten gekleidet. Wird eine unübersichtliche Anzahl muslimischer Frauen abgebildet, dann ist ihr Kleidungsstil in der Tendenz eher traditionell. Die Botschaft wäre: In der Masse sind Musliminnen Kopftuchträgerinnen, aber diejenigen, die sich hervorheben, sind westlich gekleidet.

Tab. 21: Kleidung muslimischer Frauen entsprechend der Handlungsrolle

Kleidung	**Rolle in %**				
	Familie	Religion	Politik	Opfer	Beruf
Ganzkörperschleier mit Gesichtsschleier	10	0	5	5	5
Ganzkörperschleier ohne Gesichtsschleier	3	33	3	0	0
Kopftuch und traditionelle Kleidung	33	67	22	23	14
Kopftuch und moderne Kleidung	10	0	19	5	11
Kein Kopftuch	45	0	49	64	70

Hinweis: Abweichungen von 100 Prozent aufgrund von Rundungen; N = 164
N < 5 in mehr als 20 Prozent der Zellen (Rollen - Bekleidung), deshalb wurde kein Chi²-Test berechnet

Tab. 22: Kleidung muslimischer Frauen entsprechend der Anzahl abgebildeter Musliminnen

Kleidung	**Anzahl abgebildeter Musliminnen (in%)**			
	eine	zwei	drei	"Masse"
Ganzkörperschleier mit Gesichtsschleier	4	14	13	14
Ganzkörperschleier ohne Gesichtsschleier	1	7	0	14
Kopftuch und traditionelle Kleidung	14	24	38	41
Kopftuch und moderne Kleidung	18	10	6	14
Kein Kopftuch	63	41	44	18

Hinweis: Abweichungen von 100 Prozent aufgrund von Rundungen;
N = 164
N < 5 in mehr als 20 Prozent der Zellen (Rollen - Bekleidung), deshalb wurde kein Chi²-Test berechnet

Vergleicht man die Eigenschafts- bzw. Themenbewertungen mit den Kleidungsgewohnheiten (vgl.Tab. 22), dann zeigt sich, dass es keine signifikanten Unterschiede gibt, so dass auch hier höchstens von einer Tendenz gesprochen werden kann. Die Gesamttendenz ist – wie bereits erörtert – negativ, in Bezug zur Kleidung der abgebildeten Frauen auf den Fotos gibt es jedoch tendenzielle Unterschiede. So deuten die Zahlen an, dass je negativer das Thema oder die Eigenschaften muslimischer Frauen im Text bewertet wurden, umso häufiger sind die Frauen auf den dazugehörigen Fotos verschleiert. Da es sich hierbei jedoch nicht um signifikante Unterschiede handelt, kann Hypothese 3.4 nicht bestätigt werden.

Tab. 23: Eigenschaftsbewertung und Kleidung abgebildeten Musliminnen

Kleidung	Bewertung der Eigenschaften (Mittelwert)[66]
Ganzkörperschleier mit Gesichtsschleier	-0. 54
Ganzkörperschleier ohne Gesichtsschleier	**-0. 67**
Kopftuch und traditionelle Kleidung	-0. 33
Kopftuch und moderne Kleidung	-0. 44
Kein Kopftuch	**-0. 03**
Hinweis: Es waren bis zu zwei Kodierungen pro Artikel möglich (N = 240) F = 2.17; df = 5; n.s.	

Tab. 24: Themenbewertung und Kleidung abgebildeter Musliminnen

Kleidung	Bewertung des Themas (Mittelwert)[67]
Ganzkörperschleier mit Gesichtsschleier	**4.74**
Ganzkörperschleier ohne Gesichtsschleier	4.13
Kopftuch und traditionelle Kleidung	4.1
Kopftuch und moderne Kleidung	4
Kein Kopftuch	**3.73**
Hinweis: Es waren bis zu zwei Kodierungen pro Artikel möglich (N = 240) F = 2.25; df = 5; n.s.	

Befund 18:

Wenn muslimische Frauen abgebildet sind, dann unterscheidet sich ihre Kleidung nur tendenziell in den verschiedenen Handlungsrollen. Die Bewertung ihrer Eigenschaften sowie die Bewertung des Themas unterscheiden sich nicht signifikant, wenn Musliminnen in unterschiedlicher Bekleidung visualisiert sind. Die Kleidung von Musliminnen hat keinen Einfluss auf die Bewertung ihrer Eigenschaften oder des Themas allgemein.

---

[66] Die Bewertung der Eigenschaftszuschreibungen wurde wie folgt kodiert: -1 = negativ; 0 = neutral; 1 = positiv.

[67] Die Themenbewertung wurde wie folgt kodiert: 1 = positiv; 2 = beides, aber vorwiegend positiv; 3 = neutral; 4 = beides, aber vorwiegend negativ; 5 = negativ.

7 Diskussion und Ausblick

Diese Arbeit beschäftigt sich mit den Merkmalen der *Spiegel*-Berichterstattung über muslimische Frauen. Dazu wurde das historische Bild der „Orientalin" und dessen ethnozentristische Ursprünge vorgestellt. Die Wahrnehmung eines komplexen, geographischen Raumes als homogen und die Negierung von sozialen, ökonomischen und politischen Kontexten wurde als Orientalismus beschrieben. Ein weiteres zentrales und damit in Zusammenhang stehendes Konzept dieser Arbeit sind massenmedial vermittelte Stereotype. Nach einer Diskussion des Begriffes, wurde auf dessen Strukturen, Prozesse und Inhaltsmerkmale eingegangen, um eine anschließende empirisch greifbare Definition zu ermöglichen. Somit konnten für die *Spiegel*-Berichterstattung die Merkmale stereotyper Inhalte nachgewiesen werden. Nach einem kurzen Exkurs zu Visualität – wurde der empirische Teil der Arbeit eingeleitet.

Die Ergebnisse der Datenerhebung zeigen, dass Artikel über Musliminnen stark ereignisbezogen auftreten und nicht Teil einer gleichmäßigen Berichterstattung sind. Betreten Musliminnen jedoch die mediale *Spiegel*-Bühne, dann ist die Berichterstattung umfangreich. Dabei sind Politik und Recht die kontinuierlichsten Themen, innerhalb derer Musliminnen Handlungsrollen als Opfer, moderne Frau und Rollen innerhalb von Politik und Familie einnehmen. Die exotische Schöne, die bereits Goethe im West-östlichen Diwan bewunderte, scheint genau wie die fanatische Extremistin keinen Platz zu finden.

Die Bewertung der Themen, der Eigenschaften und des Verhaltens muslimischer Frauen sind überwiegend negativ. Die Artikel sind mehrheitlich personenbezogen und deuten auf einen personalisierten Stil. Muslimische Frauen kommen häufig zu Wort und sind mit Ausnahme der Opferrolle kein passives Objekt der Berichterstattung. Der Sprachstil der *Spiegel*-Artikel über muslimische Frauen erzeugt durch die häufige Verwendung von Arabismen eine Wahrnehmung der Muslimin als Fremde und trägt so zusammen mit den negativen Bewertungen dazu bei, dass Musliminnen abgewertet und ausgegrenzt werden. Denn da sie ständig als fremd und negativ attribuiert werden, werden sie außerhalb jeder Norm gestellt. Diese negativen Vorstellungen werden stabilisiert, indem dazu konträre Informationen als Ausnahmen präsentiert werden. Die Pressefotografien illustrieren dabei die Geschehnisse wenig authentisch. Sie übernehmen hauptsächlich die Funktion eines Leitsystems, indem sie die Aufmerksamkeit auf sich und den Artikel ziehen. Es lassen sich folgende Ergebnisse kurz zusammenfassen:

Rollenstereotype
Musliminnen werden als Opfer, als moderne Frauen und in Handlungsrollen innerhalb der Politik oder Familie präsentiert. Die in den Befunden postulierten stereotypen Rollen als Exotin und Extremisten konnten für die *Spiegel*-Berichterstattung nicht bestätigt werden.
Negativität/Konfliktperspektive
Die Berichterstattung ist durch Negativität geprägt. Themen-, Eigenschafts- und Verhaltensbewertungen sind mehrheitlich negativ. Nicht gezeigt wird die Alltagswelt muslimischer Frauen.
Vereinfachung und Generalisierung
Durch implizite Verweise auf einen religiösen Kontext werden komplexe Ursachen auf den Islam und ihm scheinbar genuin anhaftende Charakteristiken vereinfacht und reduziert. Über die verschiedenen Bekenntnisse und Untergruppen im Islam wird nicht differenziert berichtet. Das hat zur Folge, dass Musliminnen als Angehörige eines scheinbar homogenen Islam präsentiert werden.
Markierung als Fremdgruppe
Vereinfachungen und Generalisierungen fördern die Präsentation muslimischer Frauen als homogene Gruppe, deren Verhalten von männlichen Muslimen und Nicht-Musliminnen mehrheitlich negativ bewertet wird. Die in den Artikeln vorkommenden Arabismen und imageprägenden Bezeichnungen markieren sie außerdem als fremd.
Verschleiert versus unverschleiert
Bei der Visualisierung muslimischer Frauen ist das Kopftuch das wichtigste Fremdzeichen, welches die abgebildete Person als anders, fremd und muslimisch markiert. Fast im gleichen Ausmaß werden aber auch unverschleierte Musliminnen gezeigt. Dieser Gegensatz von verschleierten und unverschleierten Musliminnen wird am häufigsten durch die Fotografien kontrastiert.

Stabilisierung von stereotypen Inhalten
Stereotype Inhalte wie negative Verhaltens- und Eigenschaftsbewertungen sowie die Opfer- und Familienrolle werden stabilisiert, indem sie als Normalfall präsentiert werden, während davon abweichende Bewertungen und Rollen als Ausnahme gezeigt werden.

In methodischer Hinsicht folgt die Arbeit einer inhaltszentrierten Forschungstradition. Es geht dabei um das massenmedial vermittelt Bild von Musliminnen. Ausgeblendet bleibt dabei die Wirkung der Darstellungsweise auf Personen und ihr Verhalten gegenüber Musliminnen. Eine Folgestudie könnte hier ansetzen und prüfen, inwieweit das massenmedial vermittelte Bild zur Grundlage der Meinungsbildung und des Verhaltens gegenüber Musliminnen gemacht wird. Weiterhin wäre interessant, die Veränderungen über einen größeren Zeitraum innerhalb der Berichterstattung über Musliminnen nachzuvollziehen, um Entwicklungen aufzeigen zu können. Dazu ist es jedoch notwendig, mehrere Medienprodukte in die Analyse einzubeziehen. Denn die Artikelanzahl einer Zeitung bzw. Zeitschrift wäre für eine solche Analyse zu gering. Auch ein Vergleich der Darstellungsweisen in unterschiedlichen Zeitungen und Zeitschriften stellt ein weiterführendes Forschungsinteresse dar. Bei hier anknüpfenden Studien sollten einige methodische Verbesserungsvorschläge beachtet werden. Beispielsweise scheint es zur Erhebung von Rollenstereotypen sowie deren Bewertungen sinnvoll, die Handlungsrollen und deren Eigenschaften nicht pro Artikel, sondern pro einzelne Rolle zu erheben. Es erwies sich in der *Spiegel*-Berichterstattung als problematisch, die Handlungsrollen und deren Bewertungen pro Artikel zu erheben, denn bei den umfangreichen Reportagen kam es oft vor, dass verschiedene Rollen mit unterschiedlichen Eigenschaften und Bewertungen präsentiert wurden. Kodiert man diese jedoch auf Artikelebene, ist eine klare Trennung der verschiedenen Rollen nicht mehr möglich. Die Inhaltsanalyse der Pressefotographien erfolgte unter einem explorativen Aspekt und sollte in einem nächsten Schritt erweitert werden. Hierbei sollte bei folgenden Analysen eine Variable in das Kodierbuch aufgenommen werden, welche erhebt, ob dieselben Fotos in verschiedenen Artikeln wieder verwendet wurden. Der Autorin fiel auf, dass bei einigen Artikeln fotografisches Archivmaterial benutzt wurde, welches in unterschiedlichen Artikel erneut verwendet wurde.

Festzuhalten bleibt, dass die Massenmedien das Bild und unsere Wahrnehmung von Muslimen und Musliminnen prägen. Ein Übermaß an Konflikthaltigkeit und Negativität schürt dabei Islamophobie und ein konfliktorientiertes Gesellschaftsklima (vgl. Hafez/Richter 2007: 40f). Dazu trägt auch die Darstellung eines übermäßig negativen islamischen Frauenbildes, das westlichen Denk- und Bewertungsmaßstäben folgt, bei. Das heißt nicht, die Kritik an Unterdrückungsmechanismen einzustellen, sondern Ereignisse differenziert und unabhängig von ethnozentristischen Perspektiven zu betrachten. Um einer einseitigen und verzerrten Wahrnehmung entgegenzuwirken, ist eine kritische Reflexion der Bilder in unseren Köpfen notwendig. Denn Muslime sind Teil unserer Gesellschaft geworden und auch die Massenmedien tragen eine Verantwortung für deren Integration

Wer sich selbst und andre kennt
Wird auch hier erkennen:
Orient und Occident
Sind nicht mehr zu trennen

Johann Wolfgang von Goethe 1820
West-östlicher Divan

Literaturverzeichnis

Adorno, Theodor W./Frenkel-Brunswik, Else/Levinson, Daniel/Sanfors, Nevitt (1950/1967): The Authoritarian Personality, Neuauflage (Erstauflage 1950). New York: John Wiley & Sons

Akashe-Böhme, Farideh (1991): Exotismus, Naturschwärmerei und die Ideologie von der fremden Frau. In: blätter des iz3w 171, S. 14-17

Allport, Gordon W. (1954/1971): Die Natur des Vorurteils. Deutsche Erstauflage 1971 (Originalausgabe 1954). Köln: Kiepenheuer & Witsch

Attia, Iman (1994): Antiislamischer Rassismus. Stereotypen – Erfahrungen – Machtverhältnisse. In: Jäger, Siegfried (Hrsg.): Aus der Werkstatt: Anti-rassistische Praxen. Konzepte – Erfahrungen – Forschung. Duisburg: DISS, S. 210-228

Augoustinos, Martha/Walker, Iain (1995): Social Cognition. An Integrated Introduction. London/Thousand Oaks/New Delhi: Sage Publications

AWA (Allensbacher Institut Markt- und Werbeträgerforschung) (2006): Reichweitenvergleich der Werbeträger – Magazine zum Zeitgeschehen. http://www.awa-online.de (Stand: 13.10.06)

Backhaus, Klaus et al (2000): Multivariante Analysemethoden. Eine Anwendungsorientierte Einführung. 9. überarb. Aufl. Berlin, Heidelberg, New York: Springer

Barnhurst, Kevin/Vari, Michael/Rodriguez, Igor (2004): Mapping Visual Studies in Communication. In: Journal of Communication, 54. Jg., S. 616-644

Bassewitz, Susanne von (1990): Stereotype und Massenmedien. Zum Deutschlandbild in französischen Tageszeitungen. Wiesbaden: Dt. Universitätsverlag

Baumgart, Marion (1989): Wie Frauen Frauen sehen. Westliche Forscherinnen bei arabischen Frauen. Frankfurt a.M.: Brandes & Apsel

Beifuß, Hartmut/Evers, Karl-Heinz/Rauch, Friedrich (1994): Bildjournalismus. Ein Handbuch für Ausbildung und Praxis. 2. Aufl. München/Leipzig: Paul List Verlag

Benninghaus, Hans (2002): Deskriptive Statistik. Eine Einführung für Sozialwissenschaftler. 9. Aufl. Wiesbaden: Westdeutscher Verlag

Bobzin, Hartmut (2001): Der Koran. Eine Einführung. 5. Aufl. München: Beck

Bohner, Gerd (2003): Einstellungen. In: Stroebe, Wolfgang/Klaus, Jonas/Hewstone, Miles: Sozialpsychologie. 4. Aufl. Heidelberg: Springer Verlag, S. 265-318

Böhm, Andrea (1999): Die mediale Täter-Opfer-Falle: Ausländer als Objekte journalistischer Begierde. In: Butterwegge, Christoph/Hentges, Gudrun/Sarigöz, Fatma (Hrsg.): Medien und multikulturelle Gesellschaft. Opladen: Leske + Budrich, S. 90-94

Borstnar, Nils/Pabst, Eckhard/Wulff, Hans Jürgen (2002): Einführung in die Film- und Fernsehwissenschaft. Konstanz: UVK

Bortz, Jürgen/Döring, Nicola (1995): Forschungsmethoden und Evaluation für Sozialwissenschaftler. 2. Aufl. Heidelberg: Springer

Brosius, Hans-Bernd/Koschel, Friederike (2003): Methoden der empirischen Kommunikationsforschung. Eine Einführung. 2.Aufl. Wiesbaden: Westdeutscher Verlag

Brown, Rupert (2003): Beziehungen zwischen Gruppen. In: Stroebe, Wolfgang/Klaus, Jonas/Hewstone, Miles: Sozialpsychologie. 4. Aufl. Heidelberg: Springer Verlag, S. 537-578

Bühl, Achim/Zöfel, Peter (2000): SPSS Version 9. Einführung in die moderne Datenanalyse unter Windows. 6. Aufl. München: Addison Weley

Bundesministerium des Inneren (2005) (Hrsg.): Verfassungsschutzbericht 2005. Unter: http://www.bmi.bund.de/Internet/Contend/Common/Anlagen/Broschueren /2006/Verfassungsschutzbericht_2005_de.pdf (Stand: 26.10.2006)

Burkart, Roland (2002): Kommunikationswissenschaft. 4. Aufl. Wien/Köln/ Weimar: Böhlau Verlag

Burki, Shahid Javed (1999): Pakistan. Fifty Years of Nationhood. 3. Aufl. Oxfort: Westview Press

Busch, Denise (2005): Das Bild Griechenlands zwischen Fremd- und Selbstwahrnehmung. Eine Untersuchung der deutschen und griechischen Presseberichterstattung über Vorbereitungen für die Olympischen Spiele 2004 in Athen. Berlin: Frank&Timme

Butterwegge, Christoph (1999): Massenmedien, Migrant(inn)en und Rassismus. In: Butterwegge, Christoph/Hentges, Gudrun/Sarigöz, Fatma (Hrsg.): Medien und multikulturelle Gesellschaft. Opladen: Leske + Budrich, S. 64-89

Butterwegge, Christoph/Hentges, Gudrun (2006): Massenmedien, Migration und Integration. Herausforderungen für Journalismus und politische Bildung. Wiesbaden: Verlag für Sozialwissenschaften

Cichowicz, Andreas (2002): Probleme der Wahrnehmung. Der Islam in der deutschen Fernsehberichterstattung. In: Hippler, Jochen/Lueg, Andrea (Hrsg.): Feindbild Islam oder Dialog der Kulturen. Hamburg: Konkret Literatur Verlag, S. 35-48

Czerny, Astrid/Kappel, Armin/Kuske, Silvia (1994): Das Orientbild des Westens. Die Botschaft hinter den Bildern. In: Assmann, Jan/Sundermeier, Theo (Hrsg.): Der Islam in den Medien. Gütersloh: Gütersloher Verlagshaus, S. 17-29

Dabrowska, Jarochna (1999): Stereotype und ihr sprachlicher Ausdruck im Polenbild der deutschen Presse. Eine textlinguistische Untersuchung. Tübingen: Gunter Narr Verlag

Delgado, Jesus Manuel (1972): Die „Gastarbeiter“ in der Presse. Eine inhaltsanalytische Studie. Opladen: Leske

Farrokhzad, Schahrzad (2002): Medien im Einwanderungsdiskurs. Überlegungen zur Konstruktion der „fremden Frau“. In: Beiträge zur feministischen Theorie und Praxis (Hrsg.): Frauen in den Medien. 1. Aufl. Köln: Eigenverlag des Vereins zur feministischen Theorie und Praxis, S. 75-94

Farrokhzad, Schahrzad (2006): Exotin, Unterdrückte und Fundamentalistin – Konstruktion der „fremden Frau“ in deutschen Medien. In: Butterwegge, Christoph/Hentges, Gudrun (Hrsg.): Massenmedien, Migration und Integration. Herausforderung für Journalismus und politische Bildung. 2. Aufl. Wiesbaden: VS-Verlag, S. 53-86

Faszination – Spiegel. Unter: http://www.spiegel.de/extra.html (Stand 13.10.06)

Fiedler, Klaus/Semin, Gün (1988): On the Causal Information conveyed by Different Interpersonal Verbs: The Role of Implicit sentence context. In: Social Cognition, 6. Jg., Nr. 1, S. 21-39

Fiedler, Klaus/Semin, Grün R. (1992): The Inferential Properties of Interpersonal Verbs. In: ebd. (Hrsg.): Language, Interaction and Social Cognition. London u.a.: Sage Publications, S. 59-78

Fiedler, Klaus/Schmid, Jeannette (2001): How Language Contributes to Persistence of Stereotypes as well as other, more general, Intergoup Issues. In: Brown, Rupert/Gaertner, Samuel L. (Hrsg.): Blackwell Handbook of Social Psychology: Intergroup Processes. Oxford: Blackwell Publishers, S. 261-280

Fiedler, Klaus/Bless, Heribert (2003): Soziale Kognition. In: Stroebe, Wolfgang/Klaus, Jonas/Hewstone, Miles: Sozialpsychologie. 4. Aufl. Heidelberg: Springer Verlag, S. 125-164

Fiske, Susan/Cuddy, Amy/Xu, Jun/Glick, Peter (2002): A Model of (Often Mixed) Stereotype Content: Competence and Warmth Respectively Follow From Perceived Status and Competition. In: Journal of Personality and Social Psychology, 82. Jg., S. 878-902

Früh, Werner (2001): Inhaltsanalyse. Theorie und Praxis. 5. Aufl. Konstanz: UVK

Glück, Helmut (2000) (Hrsg.): Metzler Lexikon Sprache. 2. Aufl. Stuttgart/Weimar: Verlag J.B. Metzler

Geißler, Rainer/Pöttker, Horst (2005) (Hrsg.): Massenmedien und die Integration ethnischer Minderheiten in Deutschland. Problemaufriss, Forschungsstand, Bibliographie. Bielefeld: transcript Verlag

Gottburgsen, Anja (2000): Stereotype Muster des sprachlichen Doing Gender. Eine empirische Untersuchung. Wiesbaden: Westdeutscher Verlag

Grimm, Jacob/Grimm Wilhelm (1941): Deutsches Wörterbuch. Nachdruck 1991, München: dtv

Grittmann, Elke (2001): Fotojournalismus und Ikonographie. Zur Inhaltsanalyse von Pressefotos. In: Wirth, Werner/Lauf, Edmund (Hrsg.): Inhaltsanalyse: Perspektiven, Probleme, Potentiale. Köln: Halem Verlag, S. 262-279

Grittmann, Elke (2003a): Die Konstruktion von Authentizität. Was ist echt an den Pressefotos im Informationsjournalismus? In: Knieper, Thomas/Müller, Marion G. (Hrsg.): Authentizität und Inszenierung von Bilderwelten. Köln: Herbert von Halem Verlag, S. 123-149

Grittmann, Elke (2003b): Verhüllt – unverhüllt: Bild und Verschleierung in der Afghanistan-Berichterstattung. In: Beuthner, Michael et. al (Hrsg.): Bilder des Terrors – Terror der Bilder? Krisenberichterstattung am und nach dem 11. September. Köln: Herbert von Halem Verlag, S. 268-284

Gümen, Sedef (1996): Selbst- und Fremdbilder von Frauen im interkulturellen Vergleich. In: Dietrich, Anne/Krautwald, Hildegrad/Recksiek, Antje-Wibke/Ökologiestiftung NRW (Hrsg.): Im Labyrinth der Bilder. Eingewanderte und deutsche Frauen im interkulturellen Dialog. 1. Aufl. Essen: Klartext-Verlag, S. 30-41

Güttler, Peter O. (1996): Sozialpsychologie. Soziale Einstellungen, Vorurteile, Einstellungsänderungen. 2. überarb. und erw. Aufl. München/Wien: Oldenbourg Verlag

Hafez, Kai (2001): Mass Media in the Middle East: Patterns of Political and Social Change. In: ders. (Hrsg.): Mass Media, Politics, and Society in the Middle East. Cresskill: Hampton Press, S. 1-23

Hafez, Kai (2002a): Die politische Dimension der Auslandsberichterstattung. Theotische Grundlagen. Bd. 1., Baden-Baden: Nomos

Hafez, Kai (2002b): Die politische Dimension der Auslandsberichterstattung. Das Nahost- und Islambild der deutschen überregionalen Presse. Bd. 2, Baden-Baden: Nomos

Hafez, Kai (2004): Massenmedien in der Einwanderungsgesellschaft: Trends, Theoreme, Forschungsdefizite. In: Klußmann, Jörgen (Hrsg.): Interkulturelle Kompetenz und Medienpraxis. Frankfurt a.M.: Brandes&Apsel

Hafez, Kai/Richter, Carola (2007): Das Islambild von ARD und ZDF. In: Aus Politik und Zeitgeschichte 26-27/2007, Bonn: Bundeszentrale für politische Bildung, S. 40-46

Hamilton, David/Gifford, Robert (2000): Illusory Correlation in Interpersonal Perception: A Cognitive Basis of Stereotypic Judgments. In: Stangor, Charles (Hrsg.): Stereotypes and Prejudice: Essential Readings. Philadelphia: Psychology Press, S. 161-171

Hamilton, David (2005): Social Cognition. New York: Psychology Press

Hansen, Klaus P. (1995): Kultur und Kulturwissenschaft. Eine Einführung. Tübingen/Basel: Fraencke

Hardiyanto, Soegeng (1992): Zwischen Phantasie und Wirklichkeit. Der Islam im Spiegel des deutschen Denkens im 19. Jahrhundert. Frankfurt a.M.: Lang

Harris, Richard Jackson (1999): A Cognitive Psychology of Mass Communication. 3. Aufl. Mahwah/New Jersey/London: Lawrence Erlbaum Associates

Hasian, Marouf Jr. (2000): The Siege and Cinematic Representations of „Arab" Terrorism. In: World Communication, 29. Jg., S. 36-52

Heine, Peter (2003): Islam zur Einführung. Dresden: Junius Verlag

Hentges, Gudrun (2006): Von „Knochenbrechern" und dem „schwarzen Dreieck Moskau – Minsk – Kiew". Migrationsberichterstattung im *Spiegel*. In: Butterwegge, Christoph/Hentges, Gudrun (Hrsg.): Massenmedien, Migration und Integration. Herausforderung für Journalismus und politische Bildung. 2. Aufl. Wiesbaden: VS-Verl., S. 87-108

Hinton, Perry Roy (2000): Stereotypes, Cognition and Culture. Philadephia: Psychology Press

Hoffmann, Anne (2004): Islam in den Medien. Der publizistische Konflikt um Annemarie Schimmel. Münster: Lit

Hörner, Karin (1993): Das Islam-Bild der Deutschen. Von Goethe bis Karl May. In: Rotter, Gernot (Hrsg.): Die Welten des Islam. Frankfurt a.M.: Fischer Taschenbuch Verlag

Hörner, Karin (2001): Verborgene Körper – verbotene Schätze. Haremsfrauen im 18. und 19. Jahrhundert. In: Gernig, Kerstin (Hrsg.): Fremde Körper. Zur Konstruktion des Anderen in europäischen Diskursen., Berlin: Dahelm University Press, S. 206-210

Islam in Deutschland (2000): Antwort der Bundesregierung auf die Große Anfrage der Abgeordneten Dr. Jürgen Rüttgers, Erwin Marschewski, Wolfgang Zeitlmann, weiterer Abgeordneter und der Fraktion der CDU/CSU. http://www.bmi.bund.de/cln_028/nn_370428/Internet/Content/Themen/Kirchen__und__Religionsgemeinschchafteten/PolitischeZiele/Islam__in__Deutschland__Id__19129__de,templateId=render-Print.html (Stand: 21.08.2006)

Jäckel, Michael (1999): Medienwirkung. Ein Studienbuch zur Einführung. Opladen/Wiesbaden: Westdeutscher Verlag

Jäger, Margret (1999): Inländische und Ausländische Straftäter in deutschen Printmedien: Ergebnisse einer Untersuchung und Vorschläge zur Verbesserung der Berichterstattung. In: Butterwegge, Christoph/Hentges, Gudrun/Sarigöz, Fatma (Hrsg.): Medien und multikulturelle Gesellschaft. Opladen: Leske + Budrich, S. 109-121

Jäger, Siegfried (1993a): Kritische Diskursanalyse. Eine Einführung. Duisburg: DISS

Jäger, Siegfried (1993b): BrandSätze. Rassismus im Alltag. 3. Aufl. Duisburg: DISS

Jedlitschka, Anja (2004): Von der Unmöglichkeit die Andere zu befreien. Emanzipatorische Konzepte in ausgewählten Texten westdeutscher Wissenschaftlerinnen über muslimische Frauen – Eine kritische Diskursanalyse. Würzburg: Ergon

Jessen, Frank/von Wilamowitz-Moellendorff, Ulrich (2006): Das Kopftuch – Entschleierung eines Symbols? Unter: http://www.qantara.de/uploads/409/ Kopftuchstudie_Adenauer.pdf (Stand: 29.09.06)

Kabbani, Rana (1993): Mythos Morgenland. Wie Vorurteile und Klischees unser Bild vom Orient bis heute prägen. München: Knaur

Kempf, Wilhelm (Hrsg.) (1994): Manipulierte Wirklichkeiten. Medien-psychologische Untersuchungen der bundesdeutschen Presseberícht-erstattung im Golfkrieg. Münster: Lit

Klaus, Elisabeth (2005): Kommunikationswissenschaftliche Geschlechterforschung. Zur Bedeutung der Frauen in den Massenmedien und im Journalismus. Neuaufl. Wien: Lit Verlag

Kleinsteuber, Klaus (1991): Stereotype, Images und Vorurteile – Die Bilder in den Köpfen der Menschen. In: Trautmann, Günter (Hrsg.): Die hässlichen Deutschen? Deutschland im Spiegel der westlichen und östlichen Nachbarn. Darmstadt: Wiss. Buchges., S. 60-68

Kliche, Thomas (2000): "Islam" in Stereotyp, Fluktuat und Matrize. Zu Semiotik und Typologie gesellschaftlicher Befeindung. In: Wasmuth, Jennifer (Hrsg.): Zwischen Fremd- und Feindbildern. Interdisziplinäre Beiträge zu Rassismus und Fremdenfeindlichkeit. Münster (u.a.): LIT-Verlag, S. 116-150

Knieps, Claudia (1999): Geschichte der Verschleierung der Frau im Islam. 2. Aufl. Würzburg: Ergon

Kreiser, Klaus/Wielandt, Rotraud (2001) (Hrsg.): Lexikon der Islamischen Welt. Stuttgart/Berlin/Köln: Kohlhammer

Krippendorff, Klaus (2004): Content Analysis. An Introduction to Its Methodology. 2. Aufl. Thousand Oaks: Sage Publications

Kunczik, Michael/Zipfel, Astrid (2001): Publizistik. Ein Studienhandbuch. Köln/Weimar/Wien: Böhlau Verlag

Kunda, Ziva (1999): Social Cognition. Making Sense of People. Massachusetts: Institute of Technology

Kuske, Silvia (1994): Von Tausendundeiner Nacht zu Tausendundeiner Angst: der Islam in den Medien. In: Jahr, Christoph/Mai, Uwe/Roller, Kathrin (Hrsg.): Feindbilder in der deutschen Geschichte. Studie zur Vorurteilsgeschichte im 19. und 20. Jahrhundert. Berlin: Metropol

Leibold, Jürgen/Kühnel, Steffen (2005): Islamophobie. Differenzierung tut not. In: Heitmeyer, W. (Hrsg.): Deutsche Zustände. Folge 4. Frankfurt a.M.: Suhrkamp, S. 135-155

Lepore, Lorella/Brown, Rupert (1997): Category and Stereotype Activation: Is Prejudice Inevitable? In: Journal of Personality and Social Psychology, Vol.72, Nr. 2, S. 275-287

Liehr-Molwitz, Claudia (1997): Über den Zusammenhang von Design und Sprachinformation. Sprachlich und nicht-sprachlich realisierte Wissens- und Bewertungsprozesse in Überschriften und Fotos auf den Titelseiten zweier Tageszeitungen. Frankfurt a.M. (u.a.): Peter Lang

Lippmann, Walter (1922/1998): Public Opinion. 2. Aufl. (Erstauflage 1922). New Jersey: Brunswick

Lueg, Andrea (1993): Das Feindbild Islam in der westlichen Öffentlichkeit. In: Hippler, Jochen/Lueg, Andrea (Hrsg.): Feindbild Islam. Hamburg: Konkret Literatur Verlag

Lutz, Helma (1989): Unsichtbare Schatten? Die „orientalische" Frau in westlichen Diskursen – Zur Konzeptualisierung einer Opferfigur. In: Peripherie 37, S. 51-65

Lutz, Helma (1991): Migrant Women of „Islamic Background". Images and Self-Images. Amsterdam: Stichting

Lutz, Helma (1992): Rassismus und Sexismus, Unterschieden und Gemeinsamkeiten. In: Foitzik, Andreas/Leiprecht, Rudi/Marvakis, Athanasios/Seid, Uwe (Hrsg.): „Ein Herrenvolk von Untertanen". Rassismus -Nationalismus – Sexismus. Duisburg: DISS, S. 57-79

Maass, Anne/Salvi, Daniela/Arcuri, Luciano/Semin, Gün (1989): Language Use in Intergroup Contexts. The Linguistic Intergroup Bias. In: Journal of Personlity and Social Psychology 57, S. 981-993

Maass, Anne/Arcuri, Luciano (1996): Language and Stereotyping. In: Macrae, Neil/Stangor, Charles/Hewstone, Miles (Hrsg.): Stereotypes and Stereotyping. New York/London: The Guilford Press, S. 193-226

Macias, José (1990): Die Entwicklung des Bildjournalismus. München u.a.: Saur

McQail, Denise (1994): Mass Communication theory. An Introduction. London: Sage

Medienprojekt Tübinger Religionswissenschaft (Hrsg.) (1994): Der Islam in den Medien. Gütersloh: Gütersloher Verlagshaus

Meier-Braun, Karl-Heinz (2001): Bleiben Chancen ungenutzt? Migration und Medien. In: Ausländerbeauftragten der Freien und Hansestadt Hamburg/Hamburgische Anstalt für neue Medien (Hrsg.): Medien Migration Integration. Elektronische Massenmedien und die Grenzen kultureller Identität. Berlin: Vistas, S. 125-136

Meier, Werner A. (1984): Ungleicher Nachrichtenaustausch und fragmentarische Weltbilder. Eine empirische Studie über Strukturmerkmale in der Auslandsberichterstattung. Bern/Frankfurt a.M/New York: Peter Lang

Merten, Klaus (1987): Das Bild der Ausländer in der deutschen Presse. In: Bundeszentrale für Politische Bildung (Hrsg.): Ausländer und Massenmedien. Bestandsaufnahme und Perspektiven. Vorträge und Materialien einer internationalen Fachtagung vom 2. bis 4. Dezember 1986. Bonn: Bundeszentrale für politische Bildung

Merten, Klaus (1995): Inhaltsanalyse. Einführung in Theorie, Methode und Praxis. 2. Aufl. Opladen: Westdeutscher Verlag

Moghissi, Haideh (Hrsg.) (2005): Women and Islam. Critical Concepts in Sociology. Bd. 1-3, London/New York: Routledge

Mohr, Hubert (1994): Gesellschaftliche Bildproduktion und Religion. Fremdzeichenrepertoire und Symbolkonflikte. In: Medienprojekt Tübinger Religionswissenschaft (Hrsg.): Der Islam in den Medien. Gütersloh: Gütersloher Verlagshaus, S. 30-46

Moneta, Alisabetta Mazza (2000): Deutsche und Italiener. Der Einfluss von Stereotypen auf interkultureller Kommunikation. Berlin u.a.: Europäischer Verlag der Wissenschaften

Moskowitz, Gordon (2005): Social Cognition. Understand Self and Others. New York: The Guliford Press

Müller, Daniel (2006): Die Darstellung ethnischer Minderheiten in deutschen Massenmedien. In: Geißler, Rainer (Hrsg.): Massenmedien und die Integration ethnischer Minderheiten in Deutschland. Problemaufriss, Forschungsstand, Bibliographie. Bielefeld, S. 83-126

Müller, Marion G. (2003): Grundlagen der visuellen Kommunikation. Theorieansätze und Analysemethoden. Konstanz: UVK

Müller, Marion G. (2005): Visualisierung. In: Weischenberg, Siegfried/Kleinsteuber, Hans J./Pörksen, Bernhard (Hrsg.): Handbuch Journalismus und Medien. Konstanz: UVK, S. 470-472

Müller, Wolfgang (Hrsg.) (1985): Duden Bedeutungswörterbuch, 2. Aufl. Mannheim (u.a.): Dudenverlag

Nafroth, Katja (2002): Zur Konstruktion von Nationenbildern in der Auslandsberichterstattung. Das Japanbild der deutschen Medien im Wandel. Münster: LIT

Naggar, Mona: „Ich bin frei, du bis unterdrückt". Ein Vergleich feministischer und islamischer Frauenbilder. In: Medienprojekt Tübinger Religionswissenschaft (Hrsg.): Der Islam in den Medien. Gütersloh: Gütersloher Verlagshaus, S. 208-220

Nelson, Todd D. (2006): The Psychology of Prejudice. 2. Aufl. Boston u.a.: Pearson

Noelle-Neumann, Elisabeth/Schulz, Winfried/Wilke, Jürgen (2004): Einleitung. In: ebd. (Hrsg.): Das Fischer Lexikon Publizistik Massenkommunikation. 3. Aufl. Frankfurt a.M.: Fischer Taschenbuch Verlag. S. 9-14

Nünning, Ansgar (Hrsg.) (2005): Grundbegriffe der Kulturtheorie und Kulturwissenschaften.Stuttgart/Weimar: Metzlersche Verlagsbuchhandlung

Oakes, Penelope/Haslam, Alexander/Turner, John (1994): Stereotyping and Social Reality. Oxford: Blackwell Publishers

Ohde, Christina (1994): Der Irre von Bagdad. Zur Konstruktion von Feindbildern in überregionalen deutschen Tageszeitungen während der Golfkrise 1990/91. Frankfurt a.M.: Lang

Operario, Don/Fiske, Susan T. (2001): Content, Structures, Processes and Content. In: Brown, Rupert/Gaertner, Samuel L. (Hrsg.): Blackwell Handbook of Social Psychology: Intergroup Processes. Oxford: Blackwell Publishers, S. 22-44

Opp, Karl-Dieter (1999): Methodologie der Sozialwissenschaft. Einführung in die Probleme ihrer Theorienbildung und praktischen Anwendung. 4. Aufl. Opladen/Wiesbaden: Westdeutscher Verlag

Paret, Rudi (2004): Der Koran. Übersetzung von Rudi Paret. 9. Aufl. Stuttgart: Kohlhammer

Pinn, Irmgard (1996): Haremsschönheit, Opfer des islamischen Patriarchats oder Fundamentalistin? In: Dietrich, Anne/Krautwald, Hildegrad/Recksiek, Antje-Wibke/Ökologiestiftung NRW (Hrsg.): Im Labyrinth der Bilder. Eingewanderte und deutsche Frauen im interkulturellen Dialog. 1. Aufl. Essen: Klartext-Verlag, S. 42-58

Pinn, Irmgard (1997): Muslimische Migranten und Migrantinnen in deutschen Medien. Gastarbeiter kamen – Muslime und Musliminnen blieben. In: Cleve, Gabriele u.a. (Hrsg.): Wissenschaft Macht Politik. Interventionen in aktuelle gesellschaftliche Diskurse. 1. Aufl. Münster: Westfälisches Dampfboot

Poole, Elizabeth (2002): Reporting Islam. Media representations of British Muslims. London/New York: I.B. Tauris

Poole, Elizabeth/Richardson, John E. (Hrsg.) (2006): Muslims and the News Media. London/New York: I.B. Tauris

Pürer, Heinz/Raabe, Johannes (1996): Medien in Deutschland. Bd. 1 Presse, 2. Aufl. Konstanz: UVK

Reumann, Kurt (2004): Art. Journalistische Darstellungsformen. In: Noelle-Neumann, Elisabeth/Schulz, Winfried/Wilke, Jürgen (Hrsg.): Das Fischer Lexikon Publizistik Massenkommunikation. 3. Aufl. Frankfurt a.M.: Fischer Taschenbuch Verlag. S. 126-152

Röben, Bärbel (1998): Fremde Frauenwelten in den Medien. In: Quandt, Siegfried/Gast, Wolfgang (Hrsg.): Deutschland im Dialog der Kulturen. Medien – Images – Verständigung. Konstanz: UVK, S. 43-439

Rodinson, Maxime (1987/2002): Europe and the Mystique of Islam. Neuaufl. (Erstauflage 1987). London: I.B.Tauris

Rohe, Mathias (2006): Perspektiven und Herausforderungen in der Intagration muslimischer Mitbrüger/innen in Österreich *sowie* Quantitative und Qualitative Inahltsanalyse: Österreichische Tageszeitungen zum Themenbereich „Islam/ Muslime/Moslems und Ausländer". Unter: http://www.bmi.gv/downloadarea/asyl_fremdenwesen/Perspektiven_Herausforderungen .pdf (Stand 27.01.2007)

Rosenthal, Claudius (2000): Zur medialen Konstruktion von Bedrohung. Die Rolle der Medien im Migrationsdiskurs. In: Schatz, Heribert/Holtz-Bacha/Nieland, Jörg-Uwe (Hrsg.): Migranten und Medien. Neue Herausforderungen an die Integartionsfunktion von Presse und Rundfunk. Wiesbaden: Westdeutscher Verlag, S.196-206

Rössler, Patrick (2001): Visuelle Codierung und Vielfalts-Analysen auf Mikroebene. Kategorisierungs- und Auswertungsstrategien für die ikonographische Untersuchung journalistischer Berichterstattung. In: Wirth, Werner/Lauf, Edmund (Hrsg.): Inhaltsanalyse: Perspektiven, Probleme, Potentiale. Köln: Halem, S. 140-156

Roth, Erwin/Holling, Heinz (Hrsg.) (1999): Sozialwissenschaftliche Methoden. Lehr- und Handbuch für Forschung und Praxis. 5 Aufl. München/Wien: Oldenbourg

Ruhrmann, Georg/Kollmer, Jochem (1987): Ausländerberichterstattung in der Kommune. Inhaltsanalyse Bielefelder Tageszeitungen unter Berücksichtigung „ausländerfeindliche" Alltagstheorien. Opladen: Westdeutscher Verlag

Ruhrmann, Georg (1999): Medienberichte über Ausländer: Befunde – Perspektiven – Empfehlungen. In: Butterwegge, Christoph/Hentges, Gudrun/Sarigöz, Fatma (Hrsg.): Medien und multikulturelle Gesellschaft. Opladen: Leske + Budrich, S. 95-108

Ruhrmann, Georg/Meißner, Betina (2000): Das Ausländerbild in den Thüringer Tageszeitungen 1995-1999. Eine quantitative und qualitative Inhaltsanalyse. Jena: Friedrich-Schiller-Universität

Ruhrmann, Georg/Demren, Songül (2000): Wie Medien über Migranten berichten. In: Schatz, Heribert/Holtz-Bacha/Nieland, Jörg-Uwe (Hrsg.): Migranten und Medien. Neue Herausforderungen an die Integartionsfunktion von Presse und Rundfunk. Wiesbaden: Westdeutscher Verlag, S. 69-81

Ruhrmann, Georg/Nieland, Jörg-Uwe (2001): Integration durch Medien? Zur Berichterstattung über Migranten in Deutschland. Befunde und Perspektiven der Kommunikationsforschung. In: Ausländerbeauftragte der Freien und Hansestadt Hamburg/Hamburgische Anstalt für neue Medien (Hrsg.): Medien Migration Integration. Elektronische Massenmedien und die Grenzen kultureller Identität. Berlin: Vistas, S. 111-124

Said, Edward (1978): Orientalism. 1. Aufl. New York: Vintage Books

Said, Edward (1981/1997): Covering Islam. How the media and the experts determine how we see the rest of the world. Neuaufl. (Erstauflage 1981). New York: Vintage Books

Schauer, Saskia (2005): Minderheiten in den Medien. Eine vergleichende Inhaltsanalyse deutscher und US-amerikanischer überregionaler Tageszeitungen. Unveröffentlichte Magisterarbeit, Jena: Friedrich-Schiller-Universität

Schenk, Birgit (1987): Die Struktur des internationalen Nachrichtenflusses: Analyse der empirischen Studien. In: Rundfunk und Fernsehen, 35. Jg., Nr. 1, S.36-53

Schenk, Michael (2002): Medienwirkungsforschung. 2. Aufl. Tübingen: Mohr Siebeck

Scheufele, Bertram (2001): Visuelles Medien-Framing und Framing-Effekte. Zur Analyse visueller Kommunikation aus der Framing-Perspektive. In: Knieper, Thomas/Müller, Marion G. (Hrsg.): Kommunikation visuell. Das Bild als Forschungsgegenstand – Grundlagen und Perspektiven. Köln: Herbert von Halm, S. 144-158

Schick, Irvin Cemil (1990): Representing Middle Eastern Women: Feminism and Colonial Discourse. In: Feminist Studies 16, S. 345-380)

Schick, Irvin Cemil (1998): The Women of Turkey as Sexual Person: Images from Western Literature. In: Arat, Zehra F. (Hrsg.): Deconstructing Images of "The Turkish Woman". New York: St. Martin's Press

Schiffer, Sabine (1994): Die Darstellung der muslimischen Frau in den Medien. In: Al-Islam, Nr.4/1994, S. 6-10.

Schiffer, Sabine (2005): Die Darstellung des Islams in der Presse. Sprache, Bilder, Suggestionen eine Auswahl von Techniken und Beispielen., Würzburg: Ergon

Schimmel, Annemarie (1995): Von Ali bis Zahra. Namen und Namengebung in der islamischen Welt. 2. Aufl. München: Diederichs

Schmerl, Christiane (1989): Die öffentliche Inszenierung der Geschlechtercharaktere. Berichterstattung über Frauen und Männer in der deutschen Presse. In: Ebd. (Hrsg.): In die Presse geraten. Darstellung von Frauen in der Presse und Frauenarbeit in den Medien. 2. durchges. Aufl. Köln: Böhlau, S. 7-52

Schmidt, Dagmar/Wilke, Jürgen (1998): Die Darstellung des Auslands in den deutschen Medien: Ergebnisse einer Inhaltsanalyse 1995. In: Quandt, Siegfried/Gast, Wolfang (Hrsg.): Deutschland im Dialog der Kulturen. Medien – Images – Verständigung. Konstanz: UVK, S. 167-181

Schmucker, Werner (2005): Sekten und Sondergruppen. In: Ende, Werner/Steinbach, Udo (Hrsg.): Der Islam in der Gegenwart. 5. erw. Aufl. München: C.H. Beck

Schulz, Winfried (1983): Nachrichtengeographie. Untersuchungen über die Struktur internationaler Berichterstattung. In: Rühl, Manfred/Stuiber, Heinz-Werner (Hrsg.): Kommunikationspolitik in Forschung und Anwendung. Festschrift für Franz Ronneberger. Düsseldorf: Droste Verlag, S. 281-291

Schulz, Winfried (1989): Massenmedien und Realität. Die „ptolemäische" und „kopernikanische" Auffassung. In: Kaase, Max/Schulz, Winfried (Hrsg.): Massenkommunikation. Theorien, Methoden, Befunde. Opladen: Westdeutscher Verlag, S. 135-149

Seiter, Ellen (1986): Stereotypes and the Media: A Re-evaluation. In: Journal of Communication, 36. Jg., S. 14-25

Shaheen, Jack G. (2001): Reel bad Arabs. How Hollywood vilifies a people. New York: Olive Branch Press

Six, Bernd (1989): Stereotypen in den Medien. In: Groebel, Jo/Winterhoff-Spurk, Peter (Hrsg.): Empirische Medienpsychologie. München: Psychologie Verlags Union, S. 168-178

Sreberny-Mohammadi, Annabelle (1984): The "World of the News" Study. In: Journal of Communication, 34. Jg., S. 121-134

Stangor, Charles/Schaller, Mark (1996): Stereotypes as Individual and Collective Representations. In: Macrae, Neil/Stangor, Charles/Hewstone, Miles (Hrsg.): Stereotypes and Stereotyping. New York/London: Guilford Press, S. 3-37

Statistisches Bundesamt (1996): Pressemitteilung. Unter: http://www.destatis. de/presse /deutsch/pm1997/p1700025.htm (Stand: 03.01.2007)

Statistisches Bundesamt (2004): Statistisches Jahrbuch. Gebiet und Bevölkerung: Ausländische Bevölkerung. Unter: http://www.statistik-portal.de/Statistik-Portal/de_jb01_jahrtab2.asp (Stand: 21.08. 2006)

Tajfel, Henri (1978): Differentiation Between Social Groups. Studies in the Social Psychology of Intergroup Relations. London: Academic Press

Tajfel, Henri/Forgas, Joseph (2000): Social Categorization: Cognitions, Values and Groups. In: Stangor, Charles (Hrsg.): Stereotypes and Prejudice: Essential Readings. Philadelphia: Psychology Press, S. 49-63

Tazi, Raja (1998): Arabismen im Deutschen. Lexikalische Transferenzen vom Arabischen ins Deutsche. Berlin/New York: Walter de Gruyter

Thofern, Detlef (1998): Darstellungen des Islams in DER SPIEGEL. Eine inhaltsanalytische Untersuchung über Themen und Bilder in der Berichterstattung von 1950 bis 1989. Hamburg: Kovac

Thoraval, Yves (1999): Lexikon der islamischen Kultur. Darmstadt: Primus-Verlag

Van Dijk, Teun A. (1995) (Hrsg.): Discourse and Communication. New Approaches to the Analysis of Mass Media Discourse and Communication. Berlin/New York: Walter de Gruyter

Weber-Menges, Sonja (2005): Die Wirkung der Präsentation ethnischer Minderheiten in deutschen Medien. In: Geißler, Rainer/Pöttker, Horst (Hrsg.): Massenmedien und Integration ethnischer Minderheiten in Deutschland. Problemaufriss Forschungsstand Bibliographie. Bielefeld: transcript Verlag, S. 127-184

Wehr, Hans (1985): Arabisches Wörterbuch für die Schriftsprache der Gegenwart. Arabisch – Deutsch, 5. Aufl. Wiesbaden: Harrassowitz

Weischenberg, Siegfried (1994): Journalismus als soziales System. In: Merten, Klaus/Schmidt, Siegfried/Weischenberg, Siegfried (Hrsg.): Die Wirklichkeit der Medien. Eine Einführung in die Kommunikationswissenschaft. Opladen: Westdeutscher Verlag, S. 427-454

Weischenberg, Siegfried/Kleinsteuber, Hans J./Pörksen, Bernhard (2005) (Hrsg.): Handbuch Journalismus und Medien. Konstanz: UVK-Verlag

Wetzel, Juliane (2005): „Fremde" in den Medien. In: Informationen zur politischen Bildung: Vorurteile. Nr. 127, Bonn: Bundeszentrale für politische Bildung, S. 21-26

Wilke, Jürgen (1989): Imagebildung durch Massenmedien. In: Bundeszentrale für politische Bildung (Hrsg.): Völker und Nationen im Spiegel der Medien. Bonn: Bundeszentrale für politische Bildung, S. 11-21

Wilke, Jürgen (2004): Art. Presse. In: Noelle-Neumann, Elisabeth/Schulz, Winfried/Wilke, Jürgen (Hrsg.): Fischer Lexikon Publizistik Massenkommunikation. 3. Aufl. Frankfurt a.M.: Fischer Taschenbuchverlag, S. 422-459

ZIF (Zentrum für islamische Frauenforschung in den Medien) (2002): Das Bild der islamischen Frau in den Medien. In: Becker, Jörg/Reinhard, Behnisch (Hrsg.): Zwischen Autonomie und Gängelung. Türkische Medienkultur in Deutschland II. 1. Aufl. Pößneck: Bertelsmann

Persönliche Email:

Alfais, Gartred (17.10. 2006): Betreff: Spiegel-Auslandskorrespondenten (Email an Maria Röder, maria.roe@gmx.de).

Gugutschkow, Stojan (17.10.06): Betreff: Muslime in Ostdeutschland (Email an Maria Röder, maria.roe@gmx.de).

Anhang

A1 Abbildungs- und Tabellenverzeichnis

A2 Kodierbuch und Kodiererläuterungen

Variable	Code	Erläuterung
A. Identifikatoren		
1. Beitragsnummer	00	Fortlaufend
2. Woche	1-52	
3. Monat	1-12	
4. Jahr	75- 05	
B. Formales		
5. Zeitungsteil	1 2 3 4 5 6 7 8 9 10 11	Titelgeschichte/Titel Spiegel-Gespräche Deutschland Wirtschaft Ausland Serie Sport Wissenschaft und Technik Kultur Medien Gesellschaft
6. Seitennummer	00-...	
7. Seitenanzahl	0,5- …	0,5-… Seiten
8. Journalistische Darstellungsform	1 2 3 4 5	Agenturmeldung Spiegelstory/Nachricht Interview Kommentar/Glosse Anderes
9. Fläche des Artikels		in cm²
10. Fläche der Überschrift		in cm²
11. Anzahl der Abbildungen	0-…	0-… Abbildungen
Inhaltliches **C. Themen und Handlungsrollen**		
12. Thema (max. drei angeben)	10 11 12 13 14 20 21 22 23 30 31	Politik allgemein Zuwanderungs-(Minderheitenpolitik Bildungspolitik Sicherheitspolitik; politischer Islam; Terrorismus Militärische Aktionen Recht allgemein Gesetzgebung- und Gsetzesänderung Straftaten, ermittlungen und Verfahren Menschenrechte/Menschenrechtsverletzung Erfolgreiche Integration Integrationsprobleme

	40 50 60 99	Kultur Wirtschaft Islam allgemein Anderes
13. Bewertung des Themas	1 2 3 4 5	positiv beides, aber vorwiegend positiv neutral beides, aber vorwiegend negativ negativ
14. Auslands-/Inlands-berichterstattung	1 2 3	Inlandsberichterstattung Auslandsberichterstattung beides kommt vor
15. Rolle der Muslmin(nen) (max. drei)	1-99	siehe Liste der Handlungsrollen
16. weitere Akteure (max. drei)	0 1-99	keine weiteren Akteure siehe Akteursliste
17. Handlungsniveau der Muslimin(nen)	1 2 3	aktiv passiv beides
18. Anzahl der im Artikel vorkommenden Muslimin-nen	1-999	1-… Muslimin(nen) 999 = Masse
D. Attribute		
19. Nationalität oder ethnische Zugehörigkeit der erwähnten Musliminnen	string	Nationalität
20. Kategorie der meisten Eigenschaftszuschreibungen (max. drei)	1 2 3 4 5 6 7 8 9 99	Religion/Tradition Familie Männergesellschaft Migration Bekleidung Moderne Frau Orientalin Opfer Fanatismus/Extremismus Andere
21. Bewertung der Eigenschaftszuschreibung	-1 0 1	negativ neutral positiv
22. Anteile der Bewertung	0 1 2 3 4	nicht angebbar (neutral) nur positiv beides, aber mehr positiv beides, aber mehr negativ nur negativ
E. Präsentation als Fremdgruppe		
23. Wird das Verhalten muslimischer Frauen bewertet	1 2	ja nein (weiter mit 34)

24. Bewertung des Verhaltens	-1 0 1 9	negativ neutral positiv nicht angebbar
25. Wer bewertet (max. zwei)	0 1-99	nicht angebbar siehe Akteursliste
26. Sind die Personen, die bewerten Muslime	0 1 2 3 4 5	nicht angebbar ja, Muslimin(nen) ja, Muslim(e) nein, Nicht-Muslimin(nen) nein, Nicht-Muslim(e) beides
27. Präsentation der Muslimin(nen) als Ausnahmeerscheinung	1 2	ja nein
Vereinfachungen und Generalisierungen		
28. Nennung des Vor- und/oder Nachnamens der Muslimin(nen)	1 2	ja nein
29. Nennung der Nationalität bzw. ethnischen Zugehörigkeit der Muslimin(nen)	1 2	ja nein
30. a) Nennung der genauen Religionszugehörigkeit unter 30.b) als string/genau	1 2	ja nein
30. b) Religionszugehörigkeit	string	
31. Thematisierung von Ursachen zu berichteten Problematiken, Ereignissen usw.	1 2	ja nein (weiter mit 48)
32. Islam und/oder Traditionen als Ursache genannt	0 1 2	nicht angebbar ja nein
Sprache		
33. Kommen muslimische Frauen selbst zu Wort	1 2	ja nein
34. Umfang des „zu Wort Kommens"	0 1 2 3	kommen nicht zu Wort gering mittel viel
35. a) Verwendung von Arabismen unter 35.b) genau/string	0 1 2 3	trifft nicht zu Lehnwort Fremdwort beides
35. b) Arabismus	string	

36. Bezeichnungen für Musliminnen	string	
F. Abbildungen **Formales**		
37. Fotonummer	000	
38. Artikelnummer	00	
39. Art der Abbildung(en)	1 2 3	Porträtfoto Szenenfoto (Ereignis, Aktivität usw.) Fotos von Orten, Gebäuden u./o. Gegenständen
40. Platzierung	1 2 3	oben Mitte unten
41. Kameraposition (Perspektive)	1 2 3	Normalsicht (Augenhöhe) Aufsicht Untersicht
42. Einstellungsgröße	1 2 3 4 5 6 7 8	Detailaufnahme Großaufnahme Nahe Amerikanische Halbnahe Halbtotale Totale Panoramaaufnahme
43. Rahmung der Abbildung(en)	1 2 3	offen geschlossen beides
44. Fläche der Abbildung(en)		in cm²
Inhaltliches		
45. Sind Personen abgebildet	1 2	ja nein
46. Abgebildete Orte bzw. Gegenstände	0 1 2 3 4 5 6 9	nicht angebbar Landschaft Gottes- und. Gebetshäuser (Kirche, Moschee etc.) Wohnhäuser/private Einrichtungen Militärische Einrichtungen/Gegenstände Staatliche Einrichtungen Öffentliche Einrichtungen/Öffentlichkeit anderes
47. Fremdzeichen (max. drei)	0 1 2 3	keine Architektur Kopfbedeckung Bekleidung (außer Kopftuch)/Äußerlichkeiten

	4 9	Symbole andere
48. Namentliche Nennung der abgebildeten Personen bzw. Hauptperson	0 1 2 3 4	trifft nicht zu im Artikel in der Bildunterschrift in beidem keine namentliche Nennung
49. Wird ein im Artikel vorkommendes Ereignis/Handlung abgebildet	1 2	ja nein
50. Anzahl der abgebildeten Personen	0- 999	0-… Personen 999 = Masse (nicht zählbar)
51. Anzahl der abgebildeten Muslimin(nen)	0- 999	0-… Muslimin(nen) 999 = Masse (nicht zählbar)
52. Identifikation als Muslimin	0 1 2 3 4 5	nicht angebbar Explizit erwähnt (im Artikel/Bildunterschrift) Implizit erwähnt (im Artikel/Bildunterschrift) Visualisiert durch Kleidung Explizit erwähnt und visualisiert Implizit erwähnt und visualisiert
53. Kleidung der abgebildeten Muslimin(nen) (max. zwei)	0 1 2 3 4 5 6 9	nicht angebbar Ganzkörperschleier mit Gesichtsschleier Ganzkörperschleier ohne Gesichtsschleier Kopftuch und traditionelle Kleidung Kopftuch und moderne Kleidung andere Kopfbedeckung keine Kopfbedeckung anderes
54. Handlungsumfeld innerhalb dessen Muslimin(nen) präsentiert werden	0 1 2 3 4 5 9	nicht angebbar familiäres Umfeld religiöses Umfeld politisches Umfeld berufliches Umfeld (außer Politik) kein Umfeld erkennbar anderes
55. Handlungsrolle der abgebildeten Muslimin(nen)	0 1 2 3 4 5 9	nicht angebbar Familie Religion Politik Opfer Beruf (außer Politikerin) Andere
56. Sichtbarkeit von physischer Gewalt	1 2 3	keine körperliche Gewalt sichtbar Spuren körperlicher Gewalt Szene körperlicher Gewalt
57.b Kontrast	string	

Akteursliste

Keine weiteren Akteure	0
Vertreter(in) aus Politik	1
Opposition/Gegeneliten	2
Wirtschaftsvertreter/in(nen)	3
Vertreter/in aus Wissenschaft/Bildung oder Kultur	4
Religionsvertreter/ Vertreter muslimischer Verbände	5
nichtorganisierter Gruppen	6
regionaler/internationale Organisationen	7
Volksgruppe, Ethnie, Religionsgemeinschaft	8
Prominente Persönlichkeit	9
Autor des Artikels	10
Namentlich genannte(r) Ausländer/Migrant(en)	11
Nicht Namentlich genannte(r) Ausländer/Migrant(en)	12
Auf die Auslandsberichterstattung bezogen:	
Namentlich genannte(r) Einheimische(r)	13
Nicht Namentlich genannte(r) Einheimische(r)	14
Familienangehörige	15
Andere	99

Liste der Handlungsrollen

Politische Rolle (allgemein)	10
Staatsvertreterin	11
Vertreterin einer legalen Opposition	12
Vertreterin einer illegalen Oppositionsgruppen	13
Politische Aktivistin (friedlich)	14
Politische Aktivistin (extremistisch/terroristisch)	15
Vertreterin lokaler, regionaler, internationaler Organisationen und Verbände	16
Rolle innerhalb der Familie/Beziehung (allgemein)	20
Mutter und Hausfrau	21
Ehefrau	22
Freundin	23
Schwester und andere weibliche Familienangehörige	24
Opfer (allgemein)	30
durch militärischer Gewalt	31
durch staatlicher Gewalt	32

durch Gewaltanwendung oppositioneller Gruppen	33
durch Zu- uns Abwanderungs-, bzw. Migrationsprozessen	34
durch familiärer Gewalt	35
durch Katastrophen	36
moderne Frau (allgemein)	40
aus Wirtschaft	41
aus Kultur/Bildung	42
Berufstätige (allgemein)	43
Exotin (allgemein)	50
Bauchtänzerin	51
Lustobjekt	52
Prominente	60
Privatperson	70
Andere	99

Erläuterungen zum Codierbuch

V8: Journalistische Darstellungsformen

KATEGORIE	ERLÄUTERUNG
Agenturmeldung	durch Agenturkürzel (dpa, ddp, epd etc.) gekennzeichnet
Spiegelstory/Nachricht	Nachrichten werden in einen erzählenden Kontext gestellt, d.h. neben informativen Elementen enthält der Artikel auch unterhaltsame und meinungsbildende Elemente (vgl. Thofern 1998: 32)
Interview	in Frage-und-Antwortstil geschriebener Artikel
Kommentar, Glosse	Artikel, die Ereignisse subjektiv interpretieren und bewerten; ein Meinungsartikel

(vgl. Reumann 2004: 126ff)

V9: Fläche des Artikels:
Überschrift und Unterzeile werden nicht mit zum Artikel gerechnet.

V10: Fläche der Überschrift:
Zur Überschrift gehören: Oberzeile (falls vorhanden), Überschrift und Unterzeile.

V13: Bewertung des Themas

KATEGORIE	ERLÄUTERUNG
positiv	als positiv gelten Themen über Erfolge, die aber nicht im Zusammenhang mit den unter „negativ“ genannten Themen stehen (z.B. bei der Integration oder im persönlichen Bereich eines Akteurs)
beides, aber vorwiegend positiv	es kommen sowohl positive Themenelemente als auch negative vor; die positiven überwiegen jedoch
neutral	es kommen weder eindeutig positive noch eindeutig negative Themenelemente vor
beides, aber vorwiegend negativ	es kommen sowohl positive Themenelemente als auch negative vor; die negativen überwiegen jedoch
negativ	als negativ gelten Themen über Ereignisse wie Streiks, Demonstrationen, Proteste, Kriege, kriegsähnliche Geschehen, Terrorismus, Verbrechen, Katastrophen und Unfälle (vgl. Schulz 1983: 288)

V15: Rolle der Muslimin(nen):

KATEGORIE	ERLÄUTERUNG
Politische Rolle	Inhaberin einer politischen Rolle allgemein, ohne weitere Spezifizierungen
Staatsvertreterin	Vertreterin der Exekutive, Legislative oder Judikative
Vertreterin einer legalen Opposition	Vertreterin der parlamentarischen Opposition oder einer anderen Oppositionsgruppe, die nicht gesetzlich verboten ist; Einzelperson ohne Mitgliedschaft in oppositionellen Gruppen oder Parteien, welche in Opposition zur Regierung steht

Vertreterin einer illegalen Oppositionsgruppe	Vertreterin einer Oppositionsgruppe, die gesetzlich verboten ist (wie beispielsweise Kalifenstaat, Hizb-ut Tahrir, Al-Aqsa e.V., YATIM-Kinderhilfe e.V.. Yeni-Akit GmbH in Deutschland vgl. Verfassungsschutzbericht 2005: 229f; bei Unklarheit: Status selbst recherchieren)
Politische Aktivistin (friedlich)	Aktive Beteiligung an konkreten politischen Aktionen mittels friedlicher Mittel wie beispielsweise Demonstrationen, Organisation von Veranstaltungen etc.
Politische Aktivistin (extremistisch/terroristisch)	Aktive Beteiligung an politischen Aktionen mittels gewaltsamer bzw. terroristischer Mittel
Vertreterin lokaler, regionaler, internationaler Organisationen und Verbände	Gemeint sind Organisationen wie die UNO, das Rote Kreuz bzw. der Rote Halbmond etc., regionale und lokale Nichtregierungsorganisationen, religiöse Verbände usw.
Opfer (allgemein)	eine Person wird zu einem Opfer, wenn sie meist durch äußeren Einfluss einen Schaden erleidet oder im schlimmsten Fall stirbt (vgl. Müller 1985:475); wobei der Schaden körperlich (psychisch; physisch), materiell/finanziell aber von anderer Art sein kann z.B. Opfer von Benachteiligung; im Normalfall wird niemand allein zu einem Opfer, sondern es gibt eine zweite Größe, auf Grund derer eine Person zum Opfer wird
durch militärisches Vorgehen	eine Person wird als Folge von militärischer Gewalt zu einem Opfer (z.B. Krieg, Bürgerkrieg etc.)
durch staatliches Vorgehen	eine Person wird als Folge von staatlichem Handeln zu einem Opfer (Geheimdienstaktionen, Missachtung der Menschenrechte, keine Durchsetzung der Gleichberechtigung der Frau etc.)
Durch das Vorgehen oppositioneller Gruppen	eine Person wird als Folge von Handlungen oppositioneller Gruppen zu einem Opfer
durch Zu- und Abwanderungs- bzw. Migrationsprozesse	eine Person wird als Folge von Migrationsprozessen zu einem Opfer (hier sind z.B. Benachteiligung innerhalb der Gesellschaft oder Anpassungsprobleme gemeint)
durch familiäre Gewalt	eine Person wird als Folge von psychischer oder physischer Gewaltanwendung ein Opfer innerhalb der eigenen Familie
durch Katastrophen	eine Person wird als Folge von Naturkatastrophen sowie Folgewirkungen von Kriegen (Flüchtlingskatastrophen) zu einem Opfer
moderne Frau (allgemein)	die Person wird in erster Linie als Frau und nicht als Muslimin dargestellt, sie verwirklicht sich selbst durch ihren Beruf, ist modebewusst gekleidet (meist nicht traditionell, höchstens Kopftuch) und emanzipiert
durch beruflichen Erfolg	eine Person, deren berufliche Erfolge im Mittelpunkt stehen
durch kulturellen Beitrag	eine Person, deren kultureller Schaffen im Mittelpunkt steht
Expertin	eine Person, die in einem Bereich als Experte gilt
Exotin	eine Person, über die innerhalb eines exotischen Rahmens berichtet wird: Nennung von Fremdzeichen (z.B. Moschee, Muezzin, Halbmond, Minarette, fremde Gerüche, fremde Gewänder etc.); Referenzen auf frühe Orientbilder: Harem, Polygamie, Erotik, Bäder, Geheimnisse des Orients etc.; das Fremde steht im Vordergrund

Bauchtänzerin	eine Person, die Bauchtanz zum Hobby oder Beruf gemacht hat
Lustobjekt	eine Person, die Objekt der Begierde von Anderen ist
Prominente	auf internationaler oder nationaler Ebene bekannte Persönlichkeit aus Politik, Sport, Kultur, Unterhaltung und Wirtschaft
Privatpersonen	Person, die aus einem rein privaten Interesse heraus in eine persönlichen Angelegenheit aktiv geworden ist

V16: weitere Akteure
Als Akteure gelten sowohl aktiv handelnde, als auch nur erwähnte Personen.

V20: Kategorie der meisten Eigenschaftszuschreibungen
Im grammatischen Sinne sind Attribute grammatikalische Funktionen. Sie dienen dazu, einem Bezugswort eine Eigenschaft zu zuweisen und es somit näher zu bestimmen. Attribute können als Erweiterung zu einem Nomen verstanden werden (vgl. Glück 2000: 72). Als Bezugsnomen gelten hier die „Muslimin(nnen)". Als Eigenschaftszuschreibungen werden nachfolgend Adjektive und Adverben verstanden, die „eine Person, einen Gegenstand, ein Geschehen, eine Eigenschaft oder eine Relation […] spezifizieren bzw. näher […] charakterisieren." (ders.: 11 und 13).

Die Beispiele für die einzelnen Kategorien den Fragebogenantworten entnommen.

KATEGORIE	ERLÄUTERUNG
Religion/Tradition	die Attribute verweisen auf religiöse und traditionelle Sachverhalte und Einstellungen Beispielsattribute: streng gläubig; reinlich, religiös, traditionell eingestellt, traditionsbewusst, gefangen, streng erzogen, gehorsam und nachgiebig nach außen – in ihrem Bereich pragmatisch, gedemütigt, schlecht gebildet
Familie	die Attribute verweisen auf Eigenschaften aus dem familiären und häuslichen Bereich Beispielsattribute: kinderreich, freundlich, fleißig, kochend, kinderlieb, treu
Männergesellschaft	die Attribute verweisen auf Eigenschaften innerhalb einer von Männern dominierten Gesellschaft Beispielsattribute: gehorsam, unterdrückt, untergeordnet, unmündig, devot, still, klein, unterwürfig, minderwertig, abhängig, ehrfürchtig, schamhaft, untertan, nicht emanzipiert, beschützt, geliebt
Migration	die Attribute verweisen auf Eigenschaften, welche mit Migrations- und Integrationsprozesse verbunden sind Beispielattribute: unverstanden, bedroht, fremd, separiert, abge-

	schottet (in Dtl.), zurückhaltend, eigenartig, etwas fremd, schüchtern, eingeschüchtert, ernst, unsicher, isoliert, integriert, angepasst, eingefügt
Bekleidung	die Attribute verweisen auf Kleidungsmerkmale Beispielattribute: schwarz verschleiert, verschleiert, verhüllt, uniform, unverhüllt
Moderne Frauen	die Attribute verweisen auf Eigenschaften einer modernen Frau Beispielsattribute: modebewusst, modern, selbstbewusst, diszipliniert, fleißig, reformorientiert, engagiert, hart arbeitend, säkular, nicht (streng) gläubig
Orientalin	die Attribute verweisen auf exotische/orientalische Eigenschaften Beispielattribute: schön, geheimnisvoll, interessant, stolz, sich unter Frauen wohler und natürlicher fühlend, tanzend, orientalisch, bunt, duftend
Opfer	Die Attribute verweisen auf eine Opferrolle Beispielattribute: geschlagen, ermordet, gesteinigt, verprügelt, diskriminiert
Extremismus	die Attribute verweisen auf Eigenschaften aus dem Bereich Extremismus Beispielattribute: fanatisch, extremistisch, islamistisch, fundamentalistisch, terroristisch

V27: Präsentation der Muslimin(nen) als Ausnahmeerscheinung
Mit Ausnahme ist hier nicht die Ausnahme von der deutschen Mehrheitsgesellschaft gemeint, sondern die Ausnahme als Muslimin gegenüber anderen Musliminnen. Dies geschieht häufig, indem explizit darauf verwiesen wird, dass es sich um eine Ausnahme handelt oder indem auf Beispiele aus der scheinbaren-Normalität verwiesen wird. Als Ausnahme kann etwas auch durch die Verwendung von Konjunktionen wie dennoch, trotzdem, obwohl, obgleich usw. präsentiert werden.

V30: Nennung der genauen Religionszugehörigkeit
Als genaue Religionszugehörigkeit wird hier die Spezifizierung in Sunniten und Schiiten bzw. deren Untergruppen oder Abspaltungen verstanden.
Sunniten: Rechtsschulen: Hanafiten, Malikiten, Schafiiten, Hanbaliten (Wahabiten)
Schiiten: Imamiten (12er Schia), Ismailiten (7er Schia), Zaiditen (5er), (Aleviten); Andere: Alawiten, Drusen, Ibaditen, Yeziden
(vgl. Schmucker 2005: 712-731)

V34: Umfang des „Zu-Wort-Kommens“

KATEGORIE	ERLÄUTERUNG
Viel	Akteure kommen in Interviews oder Artikeln mit ähnlich hohem Sprechanteil viel zu Wort.
Mittel	Akteure werden mehrmals und zu verschiedenen Argumenten zitiert.

Gering	Akteure werden einmalig und/oder nur pointiert zitiert.

V35: Verwendung von Arabismen

KATEGORIE	ERLÄUTERUNG
Lehnwort	in Aussprache, Schriftweise und Flexion angepasst; im Wörterbuch erwähnt
Fremdwort	in Aussprache, Schriftweise und Flexion nicht angepasst, d.h. sie tragen sichtbare Spuren ihrer fremden Herkunft an sich; haben Zitatchakater, sind aber bisher nicht in den deutschen Wortschatz eingegangen und stehen nicht im Wörterbuch

(vgl. Tazi 1998: 11f)

V42: Einstellungsgröße

KATEGORIE	ERLÄUTERUNG
Detailaufnahme	Detail eines Gesichts (z.B: Auge) oder ein sehr kleines Objekt werden formatfüllend abgebildet
Großaufnahme	Bildausschnitt erfasst ganze Gesicht einer Figur oder ein kleineres Objekt bildfüllend
Nahe	Bildausschnitt erfasst eine Figur oder Figurengruppe von Kopf bis zum Oberkörper
Amerikanische	Figur wird vom Oberschenkel an dargestellt
Halbnahe	Figur oder Figurengruppe wird zu zwei Dritteln (meist ab dem Knie) dargestellt
Halbtotale	Figuren oder Gegenstände füllen das Bild weitgehend aus
Totale	Bildraum öffnet sich überblicksartig zu einer Szenerie mit einer Figur oder Figurengruppe in der Gesamtheit ihrer Umgebung
Panoramaaufnahme	Bildraum öffnet sich zu größtmöglicher Weite, dominantes Motiv ist Landschaftsausschnitt

(vgl. Borstnar/Pabst/Wulff 2002: 91)

V43: Rahmung der Abbildung(en)

KATEGORIE	ERLÄUTERUNG
offen	das Foto hat keine geschlossene Rahmung, d.h. es können andere Personen oder Gegenstände angeschnitten sein, der Blick der Person(en) kann/können sich auf Dinge außerhalb des Fotos richten, räumliche Weite wird angedeutet
geschlossen	das Foto hat einen bildlichen Rahmen, d.h. es gibt keine Anschnitte, der Raum ist geschlossen und es gibt keine Verweise auf sich außerhalb befindlicher Gegenstände oder Personen
beides	eine Seite des Fotos ist geschlossen und somit gerahmt, während eine andere Seite offen wirkt, weil sie Anschnitte enthält, den Blick auf außerhalb des Fotos oder eine Landschaft (räumliche Weite) lenkt

V47: Vorkommen von Fremdzeichen

KATEGORIE	ERLÄUTERUNG
Architektur	Fremdzeichen durch architektonische Besonderheiten und Hervor-

	hebungen wie Moscheen, Minarette, exotische Inneneinrichtungen, Mosaike etc.
Kopfbedeckung	Kopftuch, Schleier, Gesichtsschleier als Fremdzeichen
andere Bekleidung	Bekleidungsstücke wie Kaftan, Galabyia, Turban, Schwert etc. als Fremdzeichen
Symbole	Symbole wie der Halbmond oder arabische Schriftzüge als Fremdzeichen

(vgl. Mohr 1994: 37)

V53: Kleidung der abgebildeten Frau(en)

KATEGORIE	ERLÄUTERUNG
Ganzkörperschleier mit Gesichtsschleier	der Körper (oft sogar Hände und Füße) ist durch ein meist dunkles (Ausnahme: weißer Ganzkörperschleier einer Mekka-Pilgerin), weites Gewand verhüllt; das Gesicht ist entweder halb oder vollständig (oft außer Sehschlitz) verhüllt
Ganzkörperschleier ohne Gesichtsschleier	der Körper (oft sogar Hände und Füße) ist durch ein meist dunkles, weites Gewand verhüllt, das Haar durch ein großes, meist dunkles Tuch bedeckt, das Gesicht ist unverhüllt
Kopftuch und traditionelle Kleidung	ein Tuch, traditionell gebunden, bedeckt die Haare und manchmal auch den Oberkörper mit, lange und weite Kleidung (Mäntel, Röcke, Blusen in unauffälligen Farben)
Kopftuch und moderne Kleidung	ein oder mehrere Tücher bedecken die Haare (Haaransätze können sichtbar sein), Tücher werden unterschiedlich z.B. nach hinten gebunden, Kleidung ist modisch (Jeans, T-Shirt, u.U. auch sehr eng anliegend)
Andere Kopfbedeckung	das Haar wird größtenteils durch Mütze, Hüte, Kappen u.ä. verdeckt
Keine Kopfbedeckung	das Haar ist unbedeckt, ohne zusätzlich Informationen ist nicht sichtbar, dass es sich um eine Muslima handelt

V54: Handlungsumfeld innerhalb dessen Muslimin(nen) präsentiert werden

KATEGORIE	ERLÄUTERUNG
familiäres Umfeld	die Muslima wird innerhalb eines familiären und freundschaftlichen Geschehen präsentiert, sie kann sich beispielsweise zu Hause befinden, Familienmitglieder oder Freunde können zu sehen sein, sie kann häusliche Tätigkeiten ausführen etc.
religiöses Umfeld	die Muslima wird gezeigt, wenn sie religiöse Handlungen durchführt (beten, pilgern, Koran lesen); sie befindet sich sichtbar in einer Moschee, spricht mit einem muslimischen Gelehrten etc.
politisches Umfeld	die Muslima wird innerhalb eines politischen Rahmes präsentiert, sie selbst übt politische Ämter aus oder befindet sich in Opposition zu einer bestimmten Politik, wird mit Persönlichkeiten des politischen Lebens gezeigt und/oder in Verbindung gebracht, durch Symbole wird auf Politik verwiesen (z.B. Wahlplakate, Militär, Demonstrationen) etc.
berufliches Umfeld	die Muslima wird innerhalb ihres beruflichen Umfeldes präsentiert, dazu gehört auch ehrenamtliches und/oder künstlerisches

	Engagement (außer politische Berufe/Engagement, als Kategorie Politik codieren)
Nicht angebbar	die Muslima wird nicht innerhalb eines bestimmten Umfelds präsentiert

V55: Handlungsrolle der abgebildeten Muslimin(nen)

KATEGORIE	ERLÄUTERUNG
Familie	Muslima ist in einer Rolle aus einem familiären Kontext sichtbar wie beispielsweise Mutter, Tochter, Partnerin etc.
Religion	Muslima ist in einer Rolle aus einem religiösen Kontext sichtbar wie beispielsweise Betende, Pilgerin etc. Extremistin/Terroristin wird nicht als religiöse Handlungsrolle codiert!
Politik	Muslima ist in einer Rolle innerhalb eines politischen Kontexts sichtbar wie beispielsweise Politikerin, Demonstrantin, Flüchtling, Extremistin/Terroristin
Opfer	Muslima ist innerhalb einer passiven und/oder defensiven Rolle sichtbar, Verletzungen können sind sichtbar sein
Beruf	Muslima ist innerhalb ihrer beruflichen Rolle sichtbar (außer als Politikerin, dann in Kategorie Politik codieren)

V56: Sichtbarkeit von physischer Gewalt

KATEGORIEN	ERLÄUTERUNG
keine körperliche Gewalt sichtbar	keine Spuren oder Szene von Gewalt abgebildet
Spuren körperlicher Gewalt	der Körper der Frau weist Spuren von Gewalt auf wie beispielsweise blaue Flecke, Blutergüsse, gebrochene Gliedmaßen etc.
Szene körperlicher Gewalt	das Foto zeigt eine Szene in der körperliche Gewalt gerade ausgeübt wird

V57: Darstellung von Kontrasten

Damit sind Gegensätze und Widersprüchlichkeiten wie arm vs. reich, modern vs. traditionell, verhüllt vs. unverhüllt gemeint. Wobei sich die Visualisierung des Kontrastes nicht ausschließlich auf ein Foto, sondern auch auf mehrere Fotos innerhalb eines Artikels beziehen kann.

A3 Fragebogen und Antworten der offenen Fragen

Maria Röder
Dornburgerstraße 22, 07743 Jena
Tel.: 03641/376727
E-Mail: maria.roe@gmx.de

Im Rahmen meiner Magisterarbeit im Fach Medienwissenschaft an der Friedrich-Schiller-Universität Jena führe ich eine Untersuchung zur Berichterstattung über muslimische Frauen im *Spiegel* durch. Sie würden mir sehr dabei behilflich sein, wenn Sie folgende Fragen kurz beantworten könnten. Vielen Dank für Ihre Mithilfe!
Nehmen Sie sich bitte zur Beantwortung der Fragen einige Minuten Zeit! Bitte beantworten Sie den Fragebogen alleine und ohne sich mit anderen abzusprechen!

1. Kann man eine muslimische Frau an Äußerlichkeiten erkennen? Wenn ja, woran?

   □ nein □ ja ______________________
   ____
   ____
   ____

   □ keine Angabe

2. Bitte nennen Sie einige Substantive, die Ihnen beim Gedanken an eine muslimische Frau in den Sinn kommen.

   ____
   ____
   ____
   ____
   ____

3. Bitte nennen Sie einige Adjektive, die Ihnen bei dem Gedanken an eine muslimische Frau in den Sinn kommen.

   ____
   ____
   ____
   ____
   ____

4. Gibt es Ihrer Meinung nach etwas Charakteristisches im Wesen der muslimischen Frau? Wenn ja, was?

   □ nein □ ja ______________________
   ____
   ____
   ____

   □ keine Angabe

5. Haben Sie in Ihrem Alltag Kontakt mit muslimischen Frauen? In welchem Ausmaß?

   □ nein □ ja ______________________

Antworten der offenen Fragen

Nr.	Äußerlichkeiten	Substantive	Adjektive	Charakteristik
01	Kopftuch	Familie, Tradition, Koran, Islam, Glauben, Kopftuchverbot bzw. Kopftuchdebatte, Unterordnung gegenüber Mann, Zwangsehe, Ehrenmorde, Auflehnung, Flucht, Beschneidung	streng gläubig, gehorsam, unterdrückt, bedroht, unverstanden	
02	Kopfbedeckung (Kopftuch)	Ehe, Mutterschaft	gläubig, modebewusst, modern	
03	Kopftuch	Kopftuch, Schleier, Bekleidung, Rechte, Religion, Unterdrückung, Glaube	schwarz, verschleiert, unterdrückt, untergeordnet, gläubig	Muss die Vorherrschaft des Mannes akzeptieren
04	falls sie Kopftuch trägt	Zwangsehe, Kopftuch, Ehrenmord, Unterdrückung, Geschlechtertrennung, Keuschheit (vor der Ehe), Ausgrenzung, Widersprüchliches/Unterschiedliches: Kopftuchverbot – Kopftuchgebot, hohes Ansehen, hoher Bildungsstand – Verachtung, niedrige Bildung	Fremd, verschleiert, separiert/abgeschottet (in Deutschland)	
05	Tragen eines Kopftuchs	Kopftuch, Glaube, Koran, Islam, Religion, Kultur Unterdrückung – in Deutschland vielleicht weniger ausgeprägt als im Heimatland	gläubig	Streng gläubig
06	Kopftuch, muslimische Äußerlichkeiten	Strafe, Gefahr, Gleichberechtigung, Erotik, Religion	unmündig, lieblos	
07	Kopftuch	Frauenunterdrückung, Gotteskrieger, Zwangsheirat	Zurückhaltend, fremd, eigenartig, reinlich	
08	muss nicht gezwungener Maßen Kopftuch tragen od.ä. v.a. in europäischen Ländern	Schleier, Arabien, kein Schweinefleisch, Allah	Etwas fremd, gläubig, religiös	keine freie Partnerwahl
09	zum Großteil wohl an dem Kopftuch, jedoch gibt es auch immer mehr musl. Frauen, die ohne ein solches Kopftuch herumlaufen & somit auch nicht erkennbar	Mutter, Religion, Ehefrauen, Unterdrückung	Devot, still, gläubig	

	sind			
10	Kopftuch, dunkler Hauttyp	Orient, Araber, Allah, Moschee	Zurückhaltend, klein	
11	an der Kleidung	Kopftuch, Burka, Schleier	Gehorsam, unterwürfig, minderwertig, still, zurückhaltend	Unmodern, keine eigene Meinung in der Öffentlichkeit, ängstlich, kein Umgang mit fremden Männern
12	Kleidung	Unterwürfigkeit, Gehorsam, Abhängigkeit	Fanatisch, streng gläubig	Unterwürfig, hörig
13	Kleidung, Kopftuch	Koran, Kopftuch, Kinder	Schön, gläubig, unterwürfig	Unterwürfigkeit
14	zum Teil am Kopftuch	Unterdrückung, Unterordnung, Demütigung	Zurückhaltend, schüchtern, geheimnisvoll	Den Männern Untertan, „Wertloser" als ein Mann
15	Kopftuch, Schleier, schwarze den ganzen Körper bedeckende Kleidung	Koran, Haushalt, Kleidung	Interessant, eingeschüchtert, geheimnisvoll	Zurückhaltend, ruhig
16	Verhüllung des Körpers mit langer weiter Kleidung, Kopftuch	Unterdrückung, Angst, Hemmungen, Vorsicht	Ernst, abhängig, unsicher, isoliert	Unterwerfung und Ausnutzung, keine Persönlichkeitsentwicklung durch Hörigkeit
17	Kleidung	Abhängigkeit, Unterwerfung, Traditionsbewusst, Familienzugehörigkeit	Religiös	
18	Kopftuch, Kleidung	Kopftuch, Glauben	Unterwürfig	
19	oftmals Kopftuch, südländischer Typ (Haut, Haare, Augenfarbe), Überwurf, langes Gewand	Glaube, Tradition, Geschlechtertrennung bzw. Ehrfurcht/Scham vor anderen fremden Männern, Familiensinn, Selbstbewusstsein den eigenen Glauben öffentlich zu zeigen und zu praktizieren	Ehrfürchtig, schamhaft, aber auch selbstbewusst, diszipliniert, gläubig, gehorsam, traditionell eingestellt, treu, bescheiden (das auch charakteristisch)	Ehrfürchtig, schamhaft, aber auch selbstbewusst, diszipliniert, gläubig, gehorsam, traditionell eingestellt, treu, bescheiden
20	muslimisch, somit gläubig, also lange Kleider, bedeckte Schulter, Knie, u.U. bedeckte Haare	Araberin, Kopftuch, Herrin des Hauses, immer öfter Business-Frauen	Stolz, sich unter Frauen wohler, natürlicher und „sich selbst" fühlend	
21	Kopftuch, Schleier, Burka, lange Kleidung	Gehorsam und Unterwürfigkeit gegenüber Mann, Sklavin/Dienerin des Mannes, Alkoholverbot	Freundlich, dürfen keine eigenen sexuellen Wünsche haben, zurückhaltend	
22	Kopftuch	Kopftuch, schöne Augen, Abhängigkeit	Schön, klug, stolz	stolz
23	nein	Strandfern, Benachteiligt	Still, fleißig, gefangen	
24	ja und nein, manche tragen einen Schleier, aber nicht alle. Bei	Häuslichkeit, Familie, Enge, Sinnlichkeit und Lebensbeja-	Streng erzogen, gehorsam und nachgiebig nach	

	diesen ist es schwieriger; es ist nicht so leicht, eine orthodoxe Griechin von einer muslimischen Türkin oder eine hinduistische Inderin von einer muslimischen Inderin zu unterscheiden	hung, Herzlichkeit, Stärke im Alltag, Durchsetzungsvermögen	außen, in ihrem Bereich pragmatisch und lebenstüchtig	
25	häufig an Kopftuch oder Galabiya	Zwangsheirat, Kinder, Haushalt, Religion, Engagement, Familie, Arbeitslosigkeit, Emanzipationsgedanke, Arbeitsverbot, Scham, Asexualität, Zurückhaltung	Kinderreich, arbeitslos, verhüllt, unterworfen, geschlagen, schlagend, gedemütigt, stark, reformorientiert, benachteiligt, kochen	
26	meistens mit Kopftuch und langer Kleidung; oft mit vielen/mehreren Kindern unterwegs, dunkler Typ (vom äußeren her, d.h. Augen, Haare)	Ehefrau, Mutter	Ruhig, still, kinderlieb, anpassungsfähig	Was heißt Wesen? Falls es eine gläubige Muslimin ist, dann ist auf jeden Fall ihr Glaube für sie charakteristisch, oder?! Also Glaube an den Koran und alles, was in ihm steht; Frau muss sich dem Mann unterordnen, hat wenig Rechte; kann über ihr Leben nicht selbst bestimmen - sonst Bestrafung (Vgl. "Ehrenmord" in Berlin)
27	hängt davon ab, ob sie sich als solche zu erkennen geben. Wenn ja, tragen sie oft Kopftücher und sind in ihre traditionelle Kleidung gehüllt. Wenn nicht, kann man maximal die Hautfarbe als Äußerlichkeit festmachen, was aber nicht zwingend auf eine Muslime schließen muss.	Shirin Neshat, Emanzipationsversuche vs. Unterdrückung durch die patriarchalische Gesellschaft, Beschneidung, Kopftuch	uniform	
28	an der Kleidung	Verhüllung, Beugsamkeit, Unterdrückung, Religiosität	Verhüllt sein, unterdrückt sein, nicht emanzipiert, untertan, religiös	Abhängigkeit von der Familie, insbesondere vom Ehemann, Leben für die Familie und Religion, Symbolisieren der Religionszugehörigkeit durch Kleidung
29	ja, aber nicht bei jeder muslimischen Frau, erkennen durch Kopftuch, Burka	Kopftuch, Burka, Mutter, Erstfrau, Zweitfrau und Polygamie	Verschleiert, still, selbstbewusst, engagiert, hart arbeitend	

30	ja	Schleier, Moschee, Religiosität, Glaube, Allah, Bauchtanz, Orient, Kostüme, Haushalt, Kinder, Burka im Extremfall	Verschleiert, tanzend, orientalisch, bunt	Religiosität
31	nicht unbedingt, ich denke es kommt darauf an wie eine Muslima die Religion für sich selbst definiert – oder in eine Rolle gedrängt wird	Koran, Kopftuch, Unterdrückung, Hausarbeit, Zwangsehe, Kinderreichtum	Arm, unterdrückt, geschlagen, kinderreich, unemanzipiert, schlecht gebildet	
32	Kopftuch	Einfügung, Mutterrolle	Zurückhaltend, unselbstbewusst, fleißig	Starker Zusammenhalt unter den Frauen, unter sich selbstbewusst und stark, mit Männern oft der männlichen Meinung folgend

A4 Tabellen

Tab. A1: Literaturüberblick: „Fremde in den Medien

Studie	Empirische Grundlage	Befunde
Die „Gastarbeiter" in der Presse (Delgado 1972)	Quantitative Inhaltsanalyse von 3069 Artikeln in 84 Nordrhein-westfälischen Tageszeitungen zur Berichterstattung über ausländische Arbeitnehmer; Untersuchungszeitraum: 1. Mai 1966 bis 31. August 1969	Thematisch stehen Berichte über den Arbeitsplatz (32,3%) an erster Stelle, gefolgt von Kriminalität (31%) und Sachinformationen (25,9%) durch undifferenzierte Berichterstattung tendenziell negatives Bild von Gastarbeiter in der Presse (keine Berücksichtigung von Individualität, sondern Stereotypisierung)
Das Bild der Ausländer in der deutschen Presse (Merten 1987)	Quantitative und qualitative Inhaltsanalyse von 2.216 Artikeln aus 18 Presseorganen; Untersuchungszeitraum: 10. Januar bis 28. August 1986;	Statusgruppe der „Gäste, Künstler und Sportler" am häufigsten vertreten (40%) vor „Arbeitnehmern" (19%) und Asylbewerbern (12%) (Unterscheidung innerhalb der Berichterstattung in „erwünschte" und „unerwünschte" Ausländer) Darstellung von Asylbewerbern besonders negativ (gefolgt von ausländischen Arbeitnehmern) „Gäste, Künstler und Sportler" sowie Ausländer in ihren Heimatländern werden kaum negativ beurteilt Gefälle in Bezug auf Nationalitäten: Türken werden besonders häufig negativ dargestellt, Merkmal der Negativberichterstattung ist Kriminalität (Bedrohungskontext) Artikel über Ausländer werden überdurchschnittlich umfangreich präsentiert
Ausländerberichterstattung in der Kommune (Ruhrmann/Kollmer 1987)	Quantitative Inhaltsanalyse von 702 Beiträgen aus zwei Bielefelder Tageszeitungen und von Leserbriefen aus: *Der Spiegel, Stern, Bunte Illustrierte* und *Quick*; Untersuchungszeitraum: 1. Januar 1981 bis 30. Juni 1983	Hervorhebung von Ausländerkriminalität Betonung einer Bedrohung deutscher Ressourcen durch Ausländer Umdefinition des Ausländer- in ein Türkenproblem Potenzielle Entscheidungs- und Handlungsunfähigkeit oder Passivität der Ausländer
Das Ausländerbild in den Thüringer Tageszeitungen (Ruhrmann/Meißner 2000)	Quantitative Inhaltsanalyse von 1.150 Artikeln aus vier Thüringer Tageszeitungen, Untersuchungszeitraum: Stichprobe von 213 Tagen (künstliche Woche) aus den Jahren 1995-1999,	Kriminalität als häufiges Thema (43% der Artikel) Aktualitäts- und Ereignisbezogenheit der Berichterstattung Ausländer überwiegen als Objekt präsentiert (es wird über sie, aber nicht mit ihnen gesprochen) Ausländerthemen werden nur selten mit Fotos oder formal hervorgehoben präsentiert

Tab. A2: Literaturüberblick: „Islam in den Medien"

Studie	Empirische Grundlage	Befunde
Der Islam in den Medien (Medienprojekt Tübinger Religionswissenschaft 1994)	Diskurstheoretische Text-, Film- und Feinbildanalysen einzelner Medienprodukte (u.a. Fernsehdokumentation „Das Schwert des Islam" und „Den Gottlosen die Hölle von Peter Scholl-Latour); Durchführung von Straßeninterviews zum Thema Islam und Medienberichterstattung (explorativ)	Islamberichterstattung ist durch negative Bilder wie beispielsweise eine geschlechtsunabhängige Militanz von Muslimen geprägt Im Golfkrieg wurde Bild vom Islam als „feindliche Religion" neu belebt (durch Ikonographie und Metaphernsprache) Wenige stereotype Merkmale (Fremdzeichen) werden in ein Freund-Feindschema gepresst überwiegende Mehrheit der befragten Rezipienten assoziierte negative Kategorien mit dem Islam, Quellen ihrer Information: Fernsehen, Bücher, Reisen, Presse
Darstellungen des Islams in DER SPIEGEL (Thofern 1998)	Quantitative Themenanalyse und qualitative Textanalyse zur Berichterstattung über den Islam im *Spiegel*; Untersuchungszeitraum: 1. Januar 1950 bis 31. Dezember 1989, Vollerhebung (2.928 Texte/Dokumente zum Thema „Religion/Religionen"; qualitative Analyse der islambezogenen Artikel)	Spiegel-Berichterstattung über Islam in den 1950ern und -60ern marginal (Orientierung an Konflikten in ehemaligen oder noch bestehenden Kolonialgebieten oder über Konflikte mit „Black-Moslems" in den USA) Starker Anstieg in den 1970ern mit Höhepunkt 1979 (Entmachtung des Schahs und Errichtung einer Islamischen Republik Iran) Weitere Anstieg der Berichterstattung in den 1980er (Länder wie Ägypten oder Sudan rücken ins Blickfeld; zunehmende Berichte über Einzelthemen wie der Fastenmonat, die Polygamie oder islamische Zinsverbot, Rushdie-Affäre Ende der 1980er) enge Verbindung der Berichterstattung mit Themen zu politischen Konflikten in Ländern der islamischen Welt Berichterstattung über Islam ist selektiv und mehrdeutig und führt zu Annahmen, Vorurteilen und Vorbehalten
Das Nahost- und Islambild der deutschen überregionalen Presse (Hafez 2002)	Quantitative Inhaltsanalyse von *Süddeutsche Zeitung, Frankfurter Allgemeiner Zeitung, Der Spiegel, Stern*; Untersuchungszeitraum: von 1945 bis 1995; fallorientierte kritisch-hermeneutische Inhaltsanalyse singulärer Medieninhalte	Islambild ist nicht konstant, sondern wandelbar: Wechsel zwischen Bedrohungsszenario und Romantisierung Grundzüge des Islambildes: „worst-case"-Denken, Dekontextualisierung, Stereotypisierung; Islam gehört zu jenen Themen der Auslandsberichterstattung mit den höchsten Belastungen durch negative Ereignisva-

		lenzen
Reporting Islam (Poole 2002)	Quantitative Inhaltsanalyse von Artikeln zum Thema Muslim(s) und Islam in *The Times* und *The Guardian*; Untersuchungszeitraum: von Januar 1994 bis Dezember 1996; Sowie Diskursanalyse ausgewählter Artikel; Befragung verschiedener Rezipientengruppen	Berichterstattung ist vorwiegend negativ und findet innerhalb eines ethnozentrischen Rahmens statt Fehlen von Alltagsberichten Islam wird als Bedrohung der britischen Gesellschaft präsentiert Musliminnen: innerhalb der Berichterstattung stark unterrepräsentiert, über sie wird meist im Zusammenhang mit Liebesbeziehungen, Bildung, Kriminalität, Konversion, Gender-Themen und Politik berichtet Vermittlung des Islambildes durch Medienberichterstattung: Nicht-Muslime haben ihr Wissen über britische Muslime hauptsächlich aus den Medien
Islam in den Medien (Hoffmann 2004)	Quantitative Inhalts- und qualitative Argumentationsanalyse von Presseartikeln aus 10 Presseorganen zum Thema „der publizistische Konflikt um Annemarie Schimmel" Untersuchungszeitraum: von Mai 1995 bis Dezember 1995	Die mediale Diskussion um die Preisvergabe des Friedenspreis des Deutschen Buchhandels an die Islamwissenschaftlerin Schimmel war Auslöser für andere Debatte um Auseinandersetzung zwischen dem „Westen" und dem „Islam" Bewertung des Themas spaltete deutsche Öffentlichkeit in ein konservativ-rechtes und liberal-linkes Lager (linke Lager bewertete die Preisverleihung eher negativ mit Verweis auf die Universalität der Menschenrechte)
Die Darstellung des Islams in der Presse (Schiffer 2005)	Qualitative Bild- und Textanalysen des 1998 erschienen *Spiegel*-Specials „Rätsel Islam" sowie von 22 Artikeln aus verschiedenen Printmedien zum Fall „Taslima Nasrin"	dem Islam werden sinn-induktiv bestimmte Eigenschaften zugeschrieben, die Folgehandlungen implizieren (meist negativ) Entstehen eines kohärenten Systems von Stereotypen und Halbwahrheiten, dass sich immer wieder selbst bestätigen sprachliche Markierung der Muslime als Fremdgruppe Symbolfunktion der muslimischen Frau: Verwendung des Schleiers als augenscheinlichste Symbol für die Andersartigkeit der islamischen Kultur, Verschleierung als Metapher für Unterdrückung oder gar als Symbol für die Kategorie „Muslime"
Quantitative und Qualitative Inhaltsanalyse: Österreichische Tageszeitungen zum Themenbereich „Islam/ Muslime/Moslems und Ausländer" (Rohe 2006)	Quantitative und qualitative Inhaltsanalysen österreichischer und deutscher Printmedien zum Thema „Islam/ Muslime/Moslems und Ausländer" zu markanten Ereignissen innerhalb des Zeitraums 1997-2005	Innerhalb der Ausländerberichterstattung nimmt Berichterstattung über Islam/Muslime zu Themen sind hierbei mehrheitlich Extremismus und Religion

Das Gewalt- und Konfliktbild des Islams bei ARD und ZDF. Eine Untersuchung öffentlich-rechtlicher Magazin- und Talksendungen (Hafez/Richter 2007)	Quantitative Themenanalyse von 133 Sendungen vom 1. Juli 2005 – 31. Dezember 2006 zum Thema „Islam"	Thematisierungsanlass ist häufig Terrorismus und Extremismus (24 %) Übrige Islam-Agenda wird von konfliktorientierten Themen beherrscht Neutrale oder positive Themen sind in weniger als ein Fünftel aller Fälle Thematisierungsanlass

Tab. A3: Lehnwörter, Transkription und Übersetzung

Nachfolgend werden alle in den untersuchten Artikeln vorkommenden Lehn- und Fremdwörter sowie arabische Wortgruppen aufgelistet. Das Wort „Islam" wurde in der Analyse nicht berücksichtigt. Die Übersetzungen wurden mit Hilfe des Arabischen Wörterbuchs für die Schriftsprache der Gegenwart (vgl. Wehr 1985) angefertigt. Daneben wird auch die Transkription der Wörter oder Wortgruppen angeben.

Lehnwort	**Transkription**	**Übersetzung**
Koran	al-qur'ān	Laut Lesen; Rezitation; Koran
Allah	Allāh	Gott
Moschee	masǧid	Ort, an dem man zum Gebet niederfällt/Gott anbetet
Mullah	maulā	Herr, Schutzherr, Patron (islam. Geistlicher)
Imam	'imām	Vorbeter
Muezzin	mu'aḏḏin	Gebetsrufer
Hodscha	ḥuǧǧa	Beweis, Urkunde, maßgebende Autorität (Titel hoher islam. Würdenträger)
Fatwa	fatwā	Religionsrechtliches Gutachten
Ramadan	ramaḍān	9. Monat des islam. Kalenders
Minarett	manāra, ma'ḏana	Turm (für den Gebetsruf)
Ajatollah	'āyat Allāh	Zeichen Gottes (Titel hoher schiitischer Würdenträger)
Kaftan	quftān	Obergewand mit langen Ärmeln
Kasba	qaṣba	Befestigtes Altstadtviertel mit Zitadelle
Scheich	šaiḫ	Würdiger Mann, geistlicher Würdenträger
Kalif	ḫalifa	Nachfolger, Stellvertreter, früherer Titel des Herrschers
Sufi	ṣūfī	„aus Wolle", bezeichnet islam. Mystiker
Harem	ḥarīm	Geheiligter unverletzlicher Ort, weibliche Familienmitglieder
Sultan	sulṭān	Macht, Herrschaft, Herrscher
Marabut	murābiṭ	Stationiert, garnisoniert, (islam. Heiliger im Volksislam)

Tab. A4: Fremdwörter/Wortgruppen, Transkription und Übersetzungen

Fremdwort	Transkription	Übersetzung
Burka	burqu‘	Frauenschleier (der nur die Augen frei lässt)
Hidschab	ḥiǧāb	Hülle, Vorhang, Frauenschleier, Schirm, Scheidewand
Mudschahed(in)	muǧāhid(un)	Kämpfer für den Glauben
Haj	ḥaǧǧ	Pilgerfahrt, Wallfahrt
Hadith	ḥadīṯ	muslimische Tradition, Überlieferung von Taten und Aussprüchen des Propheten und seiner Genossen
Ulema	‘ulamā’	Gelehrte, Wissenschaftler, Theologen und Gesetzesgelehrte (im Islam)
Al-hamdulillah	al-ḥamdu li-llāh	Gott sei Dank
Madschlis al-Umma	maǧlis al-’umma	Parlament (Rat des Volkes; der Gemeinde)
Madschlis al-Schura	maǧlis aš-šūrā	Beratendes Gremium; Staatsrat
Diwanijas[68]	dīwān	Rechnungsbücher des Staatshaushalts; Verwaltungsstelle (urspr. langer Polstersitz an der Wand mit Rückenkissen), Gedichtsammlung
Dschihadi[69]	ǧihādī	militärisch, kriegerisch
Inschallah	’in šā’a Allāh	So Gott will
Ya Allah	yā Allāh	Oh Gott
Allahoakbar	Allāhu ’akbar	Gott ist am Größten
Kuffar	kuffār	ungläubig, Ungläubiger, Gottloser, undankbar
Hissi ya wis	hazza ya wazza	schüttele dich/bewege dich Gans (Gänschen)
Mahram	maḥram	in einem die Ehe ausschließenden Verwandtschaftsverhältnis
Schahida/Schuhada	šahīda/šuhadā’	Sg./Pl. Zeugin, Blutzeugin, Märtyrerin
Schahada	šahāda	Zeugenaussage, muslimisches Glaubensbekenntnis

[68] Bei dieser Form ist wahrscheinlich der Plural des Wortes Diwan gemeint, der im arabischen jedoch dawāwīn lautet.
[69] Das Wort wurde gewählt, um eine Person zu beschreiben, die den Dschihad vollzieht. Die verwendete Form bezeichnet jedoch nicht die Person, sondern das Adjektiv dazu.

Tab. A5: Umfang des Zu-Wort-Kommens und Bewertungen

Umfang des Zu-Wort-Kommens	Verhaltensbewertung in %		Eigenschaftsbewertung in %		
	positiv	**negativ**	**positiv**	**neutral**	**negativ**
Viel	33	**15**	29.4	45.5	**9.5**
Mittel	33	25	47.1	9.1	33.3
Gering	33	**60**	23.5	45.5	**57.1**
Gesamt	100	100	100	100	100

Hinweis: Abweichungen von 100 Prozent aufgrund von Rundungen;
In jeweils mehr als 20 Prozent der Zellen ist die Fallzahl kleiner als 5, daher wurde kein Chi²-Test berechnet.

Tab. A6: Akteure in der Berichterstattung

Akteur	Prozent
Staatsvertreter(in)/Vertreter(in) aus Politik	36
Familienangehörige	16
Religionsvertreter/Vertreter muslimischer Verbände	14
Vertreter(in) aus Wissenschaft/Bildung und Kultur	8
Opposition/Gegeneliten	6
Volksgruppen/Ethnie/Religionsgemeinschaft	6
Prominente Persönlichkeit	5
Einheimische	3
Ausländer/Migranten	2
Wirtschaftsvertreter(in)	1
Andere	3
Gesamt	100

Hinweis: es waren bis zu drei Kodierungen von Akteuren pro Artikel möglich (N = 180)

Tab. A7: Kleidung der abgebildeten Musliminnen

Bekleidung	Prozent
Keine Kopfbedeckung	45
Kopftuch und traditionelle Kleidung	22
Kopftuch und moderne Kleidung	15
Ganzkörperschleier mit Gesichtsschleier	8
Ganzkörperschleier ohne Gesichtsschleier	4
Andere	6
Gesamt	100

Hinweis: es waren bis zu zwei Kodierungen pro Artikel möglich (N = 240)

A5 Themenliste

Jahr	Überschrift und Thema
1975	- „Wir marschieren nicht schnell genug“ (Interview mit der ägyptischen Präsidentengattin Dschihan el-Saddat) - Stern des Orients (Zum Tod der ägyptischen Sängerin Umm Kalthoum)
1978	- Normale Sache (Entführung der Schwester von Messoud Zeghar wegen ihrer Heirat mit einem Christen) - Pfunde im BH (Bauchtanz in der arabischen Welt)
1980	- Tote Prinzessin (Verfolgung von Frauen wegen unkeuscher Lebensweise)
1981	- Grüße vom Ajatollah (Weibliche Angestellte der Iran Air sollen ihr Haar verhüllen
1982	- „Das Volk war hysterisch geworden“ (Interview mit Farah Pehlawi) - Natürliche Unterschiede (Türkin passt nicht in den „sozialen Charakte“ eines Hauses in München)
1983	- Tiefer Schock (Kodifizierung des islamischen Rechts in Pakistan)
1984	- „Schwester, dein Schleier ist meine Ehre“ (Frauenunterdrückung unter Chomeini)
1986	- Allahs Hand (Benazir Bhutto als Symbolfigur der Opposition in Pakistan)
1989	- „Der Islam ist eine Religion der Toleranz“ (Interview mit Benazir Bhutto)
1990	- Knüppel im Kreuz, Kind im Bauch (Türkinnen in der BRD)
1991	- „Wir haben gemeinsam geatmet“ (Interview mit Bozorg Mahmoody) - Lähmende Besessenheit (Mordanklage gegen den Ehemann von Benazir Bhutto)
1992	- „Hundetochter, Tod der Hündin“ (Steinigung einer Iranerin) - „Es ging ihr um die sieben Kinder“ (zum Gerichtsurteil, indem eine türkische Frau des Mordes an ihrem Mann angeklagt wurde) - „... ich lüge nur, wenn ich muß“ (zum Gerichtsurteil, indem eine türkische Frau des Mordes an ihrem Mann angeklagt wurde) - Ich, Scharofat Rassulowa (Drei Frauen aus Sarmakand)
1993	- „Du bist verstoßen“ (deutsche Konvertitinnen) - „Wir sind für immer verloren“ (Zur Lage in Mostar) - Liebe einer Mutter (eine Karrierefrau in der Türkei) - „Die Regierung ist kriminell“ (Interview mit Benazir Bhutto) - „Gib meine Feinde der Lächerlichkeit preis“ (Benazir Bhutto als Oppositionsführerin) - Jenseits des Teppichs (Benazir Bhutto und der Wahlkampf der Frauen) - „Bleib weg von Fadime“ (Abkapselung junger Türken in Dtl.)
1994	- In die Rippen (dürfen Musliminnen mit Kopftuch in die Schule) - „Diktatur der Männer“ (Interview mit Dschihane el-Saddat) - „Der Koran ist überflüssig“ (Interview mit Taslima Nasrin) - Der Zorn der Mullahs (Hatz auf Taslima Nasrin) - „Auf ewig verflucht“ (Interview mit Hassiba Boulmerka)
1995	- „Ein Schwert gegen uns“ (Frauenrechte und Fundamentalismus) - „Grenzt uns nicht aus“ (Interview mit Tansu Ciller) - „Leben für die Wahrheit“ (Interview mit Taslima Nasrin)
1996	- Vollstreckung einer Ehe (Mord an einer Pakistanerin) - Einmal Frieden und zurück (Heimkehr eines bosnischen Flüchtlingsmädchen) - Räuberische Barone (Entmachtung Benazir Bhuttos)

	- „Frieden ohne Freiheit“ (Frauenunterdrückung durch Taliban)
1997	- Liebe im Herzen (türkische Schlagersängerin auf dem Weg nach Mekka) - „Sieg des Islam“ (Frauenbeschneidung) - „Das stehen wir durch“ (Abschiebung einer krebskranken Bosnierin) - Der Tod ist so banal (Alltag einer algerischen Journalistin) - Respekt statt Integration (Kommentar von Renan Demirkan) - Die Beduinen brechen die Zelte ab (Nomadenleben südlich der Sahara)
1998	- Wer lüftet den Schleier (allgemein über Islam) - „Die letzte Schlacht“ (Kopftuchstreit) - „Schlachtlamm für den Wolf“ (Interview mit Faese Haschemi) - Ein Leben ohne Gesicht (Frauenunterdrückung in Afghanistan)
1999	- Verrat am Islam (Liberalisierung in Kuwait und Frauen als Volksvertreter) - „Mein Vater wollte das so“ (Interview mit Prinzessin Haya)
2000	- „Und keiner hält mich auf“ (Selbstmorde von jungen Frauen in Anatolien) - Fluch der Teufelin Suleika (Shirin Neshat und ihr Kunst-Feminismus)
2001	- Attatürk und Adenauer (Eine Türkin wirbt für die CDU) - „Zuviel Leid für eine Seele“ (afghanische Flüchtlingsfrauen)
2002	- „Bald bist du im Paradies“ (geplanter Selbstmordanschlag einer Palästinenserin) - Der Krieg der Mädchen (Selbstmordanschlag einer Palästinenserin) - Tödliche Wahrheit (Urteil wegen Steinigung)
2003	- Das Kreuz mit dem Koran (Kopftuchstreit) - Symbolischer Stoff (Kopftuchstreit) - Die Machtprobe (Kopftuchstreit) - Nichts oder alles (Kopftuchstreit) - Die einzig wahrhaftige Religion (deutsche Konvertiten) - Langer Marsch (Aufstand junger Musliminnen) - „Wir sind auf dem richtigen Weg“ (Interview mit Schirin Ebadi) - Eine Amerikanerin in Amman (Porträt von Königin Noor) - Aufstand einer Tochter (Mord an Eltern einer iranischen in Deutschland lebenden Künstlerin) - Ehe oder Tod (Zwangsheirat) - „Das ist eine andere Welt“ (Interview mit Fatima Mernessi) - Schranken gegen den Islam (Integration und Kopftuchstreit in Frankreich)
2004	- „Für uns gelten keine Gesetze“ (Gewalt und Zwangsheirat bei deutschen Musliminnen) - Die verlorenen Töchter (türkische Mädchen in Deutschland) - „Weißt du, was Schmerzen sind?“ (Frauen in Afghanistan) - „Bitte bring Papa nicht um“ (Kindesentführung nach Bagdad) - Triumph der Domina (Auszeichnung der Architektin Zaha Hadid)
2005	- Mütternacht (Einsatz türkischer Mütter gegen Drogendealer) - „Sie meinen uns alle“ (Interview mit Hirsi Ali) - „Alarmierender Einblick“ (Vorstellung des Buches „Die fremde Braut“ - „Hoffnung auf Gerechtigkeit“ (Interview mit einer Pakistanerin über islamisches Recht) - „Wir schützen unsere Freiheit“ (Interview mit Schirin Ebadi) - Frau im Fenster (eine Türkin als Prostituierte) - Eine Stadt wie ein Verspechen (das Leben der jungen und modernen Generation von Frauen in Istanbul) - Carlito, der Kiez und der Koran (Ehrenmord)

	- Lockvogel unter Ungläubigen (Leben von Nese Bahaji, der Frau eines mutmaßlichen Top-Terroristen) - Catwalk der Kopftücher (Haute Couture im Islam) - Bittere Lust (Buchvorstellung) - Flucht aus der Ehehölle (Zwangsheirat)

MEDIEN UND POLITISCHE KOMMUNIKATION – NAHER OSTEN UND ISLAMISCHE WELT / MEDIA AND POLITICAL COMMUNICATION – MIDDLE EAST AND ISLAM

(Die Bände 1–10 sind beim Deutschen Orient-Institut, Hamburg erschienen und über dieses und den Buchhandel zu beziehen.)

Band 11 Jamal Nazzal: Das palästinensische Rundfunksystem und die deutsch-palästinensische Medienkooperation. 340 Seiten. ISBN 978-3-86596-058-0. ISBN 3-86596-058-8

Band 12 Aydin Nasseri: Internet und Gesellschaft in Iran. Mit einem Vorwort von Katajun Amirpur. 198 Seiten. ISBN 3-86596-116-9

Band 13 Maria Röder: Haremsdame, Opfer oder Extremistin? Muslimische Frauen im Nachrichtenmagazin Der Spiegel. 160 Seiten. ISBN 978-3-86596-143-3

Band 14 Antje Glück: Terror im Kopf. Terrorismusberichterstattung in der deutschen und arabischen Elitepresse. 206 Seiten. ISBN 978-386596-157-0

Band 15 Muhammad I. Ayish: The New Arab Public Sphere. 254 Seiten. ISBN 978-3-86596-168-6

Band 16 Susan Schenk: Das Islambild im internationalen Fernsehen. Ein Vergleich der Nachrichtensender *Al Jazeera English*, *BBC World* und *CNN International*. 176 Seiten. ISBN 978-3-86596-224-9

Band 17 Jan Michael Schäfer: Protest in Ägypten. Wie Al-Jazeera und andere Medien die Kifaya-Bewegung möglich machten. 150 Seiten. ISBN 978-3-86596-219-5

Frank & Timme

Verlag für wissenschaftliche Literatur

MEDIEN UND POLITISCHE KOMMUNIKATION – NAHER OSTEN UND ISLAMISCHE WELT / MEDIA AND POLITICAL COMMUNICATION – MIDDLE EAST AND ISLAM

Band 18 Sarah Jurkiewicz: Al-Jazeera vor Ort. Journalismus als ethische Praxis. 140 Seiten. ISBN 978-3-86596-228-7

Band 19 Katharina Nötzold: Defining the Nation? Lebanese Television and Political Elites, 1990–2005. 376 Seiten. ISBN 978-3-86596-242-3

Band 20 Kerstin Engelmann, Friederike Günther, Nele Heise, Florian Hohmann, Ulrike Irrgang, Sabrina Schmidt: Muslimische Weblogs. Der Islam im deutschsprachigen Internet. 282 Seiten. ISBN 978-3-86596-239-3

Band 21 Carola Richter: Medienstrategien ägyptischer Islamisten im Kontext von Demokratisierung. 354 Seiten. ISBN 978-3-86596-361-1

Band 22 Douglas Reynolds: Turkey, Greece, and the "Borders" of Europe. Images of Nations in the West German Press 1950–1975. 558 Seiten. ISBN 978-3-86596-441-0

Band 23 Kai Hafez (Hg.): Arabischer Frühling und deutsches Islambild. Bildwandel durch ein Medienereignis? 154 Seiten. ISBN 978-3-86596-497-7

Band 24 Almut Woller: Transformation der Geschlechterverhältnisse in den Vereinigten Arabischen Emiraten. Eine feministische Diskursanalyse der Arbeitsmarktintegration emiratischer Frauen. 234 Seiten. ISBN 978-3-7329-0015-2

Band 25 Margret Müller: The World According To Israeli Newspapers. Representations of International Involvement in the Israeli-Palestinian Conflict. 286 Seiten. ISBN 978-3-7329-0286-6

Frank & Timme

Verlag für wissenschaftliche Literatur